Kochen mit Käse, ein beliebtes Thema

Es gibt kaum ein pikantes Gericht, in dem Käse fehl am Platz wäre. Seien es herzhafte Salate, würzig-cremige Suppen oder gar die herrlich duftenden Aufläufe, denen kein Käsefreund widerstehen kann. Und schnell hat man eine köstliche Käseplatte zusammengestellt und originell dekoriert, wenn Gäste kommen.

Die Farbfotos gestalteten Odette Teubner und Kerstin Mosny.

INHALT

Käse – ein liebenswerter Begleiter

Unsere Liebe zum Käse wächst ständig. Mehr als 17 Kilo ißt jeder Bürger pro Jahr, im Durchschnitt natürlich. Und Rezepte mit Käse gehören in vielen Familien zu den Lieblingsessen. Egal, ob es ein pikanter Salat, eine samtig-cremige Suppe, ein würzig duftender Auflauf ist, mit Käse wird alles köstlich.

Auch das Angebot im Käseladen oder in den Käsetheken des Supermarktes wird fast täglich größer, die Käsehersteller lassen sich ständig etwas Neues einfallen. Kaum jemand kennt sich noch bei allen Sorten aus. Deshalb wollen wir auf ganz einfache Weise versuchen, ein bißchen System in die Sortenvielfalt zu bekommen, so daß Sie beim Nachkochen keine Schwierigkeiten mit dem Einkauf haben: Die fünf Grundtypen erkennt man spätestens beim Schneiden, und mit diesen Grundtypen wird im jeweiligen Kapitel gekocht. Sie können also gut Ihre Käsereste dabei verwenden, auch wenn Sie nicht mehr wissen, was es genau für eine Sorte ist.

Ohne Kuh kein Käse! Die Kühe als Milchlieferanten stehen am Anfang der Käseproduktion und schon hier entscheiden Rasse, Nahrung und die Art der Tierhaltung über die Qualität und den Charakter einer Käsesorte.

Wo kommt der Käse her?

Wann der erste Käse hergestellt wurde, weiß man nicht zu sagen. Auf jeden Fall ist es sehr lange her. Rohprodukt und Auslöser der Käseproduktion ist die Milch, die bekanntlich sehr schnell sauer wird. Doch für Käse darf sie nicht verderben, sondern muß kunstgerecht »dickgelegt« werden: Dafür erwärmt man die Milch und gibt ein Ferment oder ein Säuerungsmittel zu, wodurch das Milcheiweiß gerinnt. Jetzt wird gerührt und zerkleinert – und darin liegt das Geheimnis der jeweiligen Sorte. Nun muß eigentlich nur noch die Flüssigkeit darin, die Molke, abtropfen, und man hat einen Käse.

In der Molkerei: »dickgelegte Milch« ergibt den Käsebruch, der dann von der Molke getrennt und weiterverarbeitet wird.

Der muß nun reifen und trocknen, wird mit Edelschimmel geimpft oder mit Salzwasser gewaschen, wird früh verpackt oder muß lange reifen.

Ein Geheimnis der Käsekunst ist die richtige Milch. Sie entscheidet über den Geschmack und die Würze des fertigen Produkts. Deshalb gibt es in den Gebirgsregionen mit ihren Almweiden besonders guten Käse. Ein anderer Faktor sind die Mikroorganismen – bestimmte Bakterien, Schimmelpilze und Hefen –, die dem Käse sein spezielles Aroma, seinen Charakter geben. Oder die ihn verderben lassen. Heute überläßt man das nicht mehr dem Zufall der Natur, sondern gibt ganz gezielt die richtigen Kulturen zu, die den Käse reifen lassen und den spezifischen Geschmack entwickeln.

Ein sehr wichtiger Faktor beim Geschmack ist der Fettgehalt der Käsemasse, denn bei der Umsetzung der Fette durch die Mikroorganismen entstehen gerade jene Aromastoffe, die so typisch für Käse sind.

Und bestimmte Bakterien sind auch dafür verantwortlich, daß die Löcher in den Käse kommen. Sie produzieren ein Gas, das als Blasen in der Käsemasse die Hohlräume ergibt – genau wie beim Hefeteig.

Die Reife kommt von innen – oder von außen

Bei der Reifung scheiden sich die Käse. Die einen reifen gleichmäßig durch den Teig (wie man die Käsemasse unter der Rinde nennt), woran wieder Mikroorganismen beteiligt sind, die in der ganzen Masse sitzen. Das gibt die Schnitt- und Hartkäsesorten.

Die anderen reifen von außen nach innen – wenn die Mikroorganismen auf der Oberfläche siedeln und von hier aus nach innen fortschreitend ihr Reifewerk vollbringen können. Das gibt dann die Weichkäse mit allen Varianten vom Camembert bis zum Limburger. Letzterer zählt zu den »Schmierenkäsen«, auch hier sind erwünschte Bakterien auf der Oberfläche tätig.

Etwas Besonderes sind die Edelpilzkäse: Bei ihnen wird der Schimmel »geimpft«, das heißt, der Käse wird angestochen und so werden die speziellen Kulturen ins Innere gebracht, wo sie ihr Reifungswerk beginnen können. Wir rechnen diese Käse – weil sie ähnlich zu verwenden sind – zu den Weichkäsesorten.

Die Grundtypen und einige Vertreter

Frischkäse: Quarkähnlich, weißer Teig. Noch keine wesentliche Veränderung durch Fermentation. Sehr weich und wasserhaltig. Läßt sich mit einer Gabel verrühren, leicht zerteilen oder schneiden.

Beispiele: Doppelrahm-Frischkäse, körniger Frischkäse, Mozzarella, Feta, Ricotta.

Weichkäse: Fast immer tragen sie einen weißen Edelschimmel oder eine orangefarbene »Schmiere« auf der Oberfläche. Innen sind sie weich und cremig je nach Fettgehalt. Sie bleiben am normalen Küchenmesser beim Schneiden kleben und lassen sich mit einer Gabel zerdrücken. Wenn die Reifung weiter fortgeschritten ist und die Rinde sich bei Weißschimmelkäsen ins Gelbliche oder Bräunliche verfärbt, wird sie weggeschnitten (schmeckt scharf bis bitter). Schneiden: mit geätztem oder gelochtem Käsemesser.

Beispiele: Brie, Camembert, Limburger, Romadur, Weinkäse, Ziegenkäse.

Halbfeste Schnittkäse: Meist als größere, längliche Laibe in der Käsetheke. Oft besteht die Rinde aus Wachs, damit der Käse nicht austrocknet (sie muß natürlich abgeschnitten werden). Der Teig ist schnittfest, aber noch so weich, daß er am Küchenmesser kleben bleibt (fast gummiartig). Im Ge-

schmack sind sie mild-aromatisch, teils süßlich, teils säuerlich. Schneiden: mit geätztem oder gelochtem Käsemesser oder mit dem Schneidedraht.

Beispiele: Bel Paese, Butterkäse, Esrom, Pyrenäenkäse.

Schnittkäse: Größere Käselaibe, häufig ist die Rinde mit Wachs überzogen (muß abgeschnitten werden). Der Teig ist fest und klebt nicht am Küchenmesser. Die Geschmacksrichtung reicht von mild bis pikant. Auch sie können süßlich oder säuerlich sein, von würzig bis aromatisch. Schneiden: mit dem Käsedraht, mit dem Käsehobel oder der Aufschnittmaschine.

Beispiele: Cheddar, Edamer, Gouda, Havarti, Raclette-Käse.

Hartkäse: Oft sehr große Käselaibe. Der Teig ist hart, bricht oft beim Schneiden. Ihr Geschmack ist nußartig pikant bis intensiv würzig. Schneiden: starkes Küchenmesser, »Ago« (kleines Messer mit blattförmiger Schneide für Parmesan), Käsehobel und Girolle (siehe Käseplatte Seite 58/59). Typische Käsesorten zum Überbacken und Würzen.

Beispiele: Appenzeller, Bergkäse, Comté, fester Emmentaler, Greyerzer, Parmesan.

Die wenigen Vertreter der Grundtypen lassen nur erahnen, welche Vielfalt der Käsesorten existiert.

Käse richtig lagern

Käse ist ein lebendiges Lebensmittel, er verändert sich ständig. Deshalb sollte er zu Hause nicht zu lange gelagert werden, in der Regel (außer Hartkäse) 2–3 Tage. Auf keinen Fall darf er dabei zu warm stehen: Bei Temperaturen über 25° können sich unerwünschte Bakterien entwickeln und vermehren. Der obere Teil des Kühlschranks ist auch nicht so günstig, das Aroma wird schwächer oder verändert sich. Am besten ist noch das Gemüsefach im Kühlschrank geeignet. Nehmen Sie kein weingetränktes Tuch zum Einwickeln, wie es Großmutter machte. Die »atmenden« Klarsichtfolien oder das Papier vom Käsefachgeschäft sind heute die beste Verpackung – wenn der Käse nicht zu lange lagert.

Bei fetten Sorten ist auch Einfrieren für kurze Zeit (2–3 Monate) möglich, vor allem, wenn der Käse später zum Reiben verwendet wird. Weichkäse verändert sich unangenehm und wird meist grießelig nach dem Auftauen.

Die Sache mit dem Fettgehalt

Das Fett im Käse bringt die Kalorien, aber Fett bringt auch den Geschmack. Ganz einfach. Nur erschrickt man jedesmal, wenn man auf der Packung liest: »60% Fett i. Tr.«. Man stellt sich vor, die Hälfte des Käsestücks sei reines Fett. Dem ist aber nicht so, auf die Abkürzung »i. Tr.« kommt es nämlich an. Was bedeutet, das Fett steckt in der Trockenmasse, also dem, was übrigbleibt, wenn das ganze Wasser aus dem Käse entfernt würde. Und das macht bei Weichkäse um zwei Drittel des Gewichts aus, bei Schnittkäse immer noch mehr als die Hälfte. Trotzdem bemühen sich die Käsehersteller, bestimmte Leicht-Käsesorten zu entwickeln, die erheblich weniger Fett (»i. Tr.« versteht sich) als die klassischen Sorten haben. Neben dem Typ Camembert sind das vor allem Schnittkäse. Und da wir schon bei neuen Sorten sind: Einige Hersteller produzieren bereits salzarme, besser gesagt, »natriumreduzierte« Käsesorten für alle, die sich salzarm ernähren wollen oder unter Bluthochdruck leiden. Während im normalen Schnittkäse etwa 650–900 mg Natrium enthalten sind, dürfen die natriumreduzierten höchstens 450 mg Natrium enthalten. Viel weniger ist nicht mehr möglich, sonst schmecken sie fade.

Unter einer Käseglocke hält sich der Käse frisch und entwickelt sein volles Aroma.

Der Fettgehalt ist auch wichtig für die Art, wie der Käse beim Kochen oder Backen schmilzt: Ein fettreicher junger Käse zieht endlos lange Fäden. Ein fettarmer, alter Käse wie beispielsweise Parmesan schmilzt und bräunt, ohne sich hinterher zu ziehen.

Käse liebt Gäste – Gerichte mit Käse und Käseplatten

Käseplatten zu arrangieren ist nicht so schwer, wie Sie angesichts der Fülle der Sorten denken mögen. Wer sich bei der Auswahl beraten lassen will, sollte in einem Käsefachgeschäft einkaufen, hier ist der Käse im richtigen Reifegrad, und man stellt Ihnen auch gern die gewünschte Geschmacksrichtung zusammen.

Auf den Seiten 54–59 finden Sie einige Vorschläge zu Käseplatten aus jeweils einem Käsetyp, wobei auch die wichtigsten Sorten aufgezählt und kurz charakterisiert sind. Für einen deftigen Imbiß können Sie natürlich verschiedene Käsetypen nebeneinander anbieten. Es sollte nur für jeden Geschmack etwas dabei sein, also neben einem milden Weichkäse ein kräftiger Hartkäse, neben einem pikanten Ziegenkäse auch ein milder Butterkäse. Die stark duftenden

Käse und Wein sind die idealen Partner, wenn es um die harmonische geschmackliche Ergänzung geht, ob nun »im Duett« oder als Abschluß nach einem krönenden Menu.

Sorten wie Harzer oder Limburger sind nicht jedermanns Sache, vor allem überdecken sie mit ihrem Duft so das Aroma der anderen Käsesorten, daß sie auf einer feinen Platte fehl am Platz sind. Denken Sie daran, daß Käse sehr sättigt – insbesondere die Schnitt- und Hartkäse; Sie wissen ja, daß diese weniger Wasser enthalten als die Weichkäsesorten. Deshalb dekoriert man zum Käse gerne Obst wie Trauben, Birnen und Äpfel, auch frische Kirschen, Melonen oder Ananas. Sie wirken zwischendurch erfrischend und heben die Schwere des Käses auf. Die gleiche Wirkung haben auch Fruchtgemüse wie Tomaten und Paprikaschoten oder der knakkig-würzige Staudensellerie.

Dazu kommt das Brot: Der eine mag am liebsten knuspriges Baguette, der andere dunkles Vollkornbrot – berücksichtigen Sie möglichst viele Vorlieben. Bei uns wird meistens Butter zum Käse serviert, es könnte aber auch mal cremig gerührter Frischkäse oder Quark oder der sahnige Mascarpone sein.

Welcher Wein paßt zu welchem Käse?

Über dieses Thema wurden schon ganze Bücher geschrieben. Dabei gibt es nur eine passende Regel: Was Ihnen zum Käse schmeckt, das paßt auch dazu. Der eine trinkt gern einen trockenen, herzhaften Rotwein aus Frankreich, der andere mag lieber einen hellroten Württemberger, der dritte schätzt einen gehaltvollen Ruländer aus Baden oder einen kernigen Riesling aus dem Rheingau. Wer Wein zu einem warmen Käsegericht trinkt, greift sicher gern zum trockenen, wer Käse in froher Runde »solo« knabbert, wird vielleicht einen halbtrockenen Wein dazu bevorzugen. Ansonsten hilft nur eins: Probieren.

Pikante Käsenocken mit Kräutern

Vorspeise oder kleine Mahlzeit

Zutaten für 4 Personen:
400 g Magerquark
1 kleine Zwiebel
1 Knoblauchzehe
7 grüne Oliven
70 g harter Käse (Cheddar, alter Gouda)
100 g Doppelrahm-Frischkäse
Salz, weißer Pfeffer, frisch gemahlen
Tabasco
1 Bund gemischte Kräuter
3 Eßl. gelbschaliger Leinsamen
Salatblätter zum Anrichten

Preiswert

Pro Portion etwa:
1500 kJ/360 kcal
17 g Eiweiß · 28 g Fett
6 g Kohlenhydrate

- Zubereitungszeit: etwa 1 1/2 Stunden (davon 1 Stunde Kühlzeit)

1. Ein Sieb mit einem Tuch auslegen, den Quark hineingeben und abtropfen lassen, dann fest mit dem Tuch auspressen.

2. Die Zwiebel sehr fein hakken, die Knoblauchzehe zerdrücken. Das Fruchtfleisch von den Oliven schneiden und ganz klein würfeln. Den Käse fein reiben.

3. Den Quark mit den zerkleinerten Zutaten, dem Doppelrahm-Frischkäse, Salz, Pfeffer und einigen Tropfen Tabasco verrühren. Etwa 1 Stunde in den Kühlschrank stellen.

4. Die Kräuter waschen, trokkenschleudern, fein hacken und in einen Teller geben. Den Leinsamen in einen zweiten Teller geben. Aus der Quarkmasse mit zwei Eßlöffeln Nocken formen. Die Hälfte davon in den gehackten Kräutern, den Rest im Leinsamen wenden. Auf den Salatblättern anrichten.

Käsedip mit Pistazien

Mit rohem Gemüse zum Einstippen als Imbiß oder mit Pellkartoffeln als kleine Mahlzeit.

Zutaten für 4 Personen:
150 g Blauschimmelkäse (Gorgonzola oder Edelpilzkäse)
500 g Speisequark (20% Fett)
etwa 70 g Crème fraîche
2 reife, feste Tomaten
60 g geröstete Pistazien
1 kleines Bund Petersilie oder Schnittlauch
Salz, weißer Pfeffer, frisch gemahlen
1/2 Staudensellerie
2–3 Chicoree
6 mittelgroße Möhren
1 Bund Radieschen

Schnell

Pro Portion etwa:
2500 kJ/600 kcal
27 g Eiweiß · 46 g Fett
17 g Kohlenhydrate

- Zubereitungszeit: etwa 30 Minuten

1. Den Blauschimmelkäse, danach den Quark durch ein Sieb streichen oder mit der Gabel zerdrücken und soviel Crème fraîche zugeben, bis die Käsemasse cremig ist.

2. Die Tomaten in kochendem Wasser sekundenlang überbrühen, enthäuten und halbieren. Die Kerne entfernen, das Fruchtfleisch hacken. Unter die Käsemasse heben.

3. Die Pistazienkerne grob hacken (oder mit grober Nußmühle mahlen) und zugeben. Die Petersilie waschen, trocknen, fein schneiden und ebenfalls untermischen. Mit Salz und Pfeffer würzen. Bis zum Servieren kühlen.

4. Den Staudensellerie und den Chicoree zerteilen, waschen und abtropfen lassen. Die Möhren schälen und längs vierteln. Die Radieschen waschen, putzen und die Blattstiele auf etwa 5 cm kürzen. Auf einer Platte anrichten und den Käsedip in Portionsschälchen verteilen. Dazu: Baguette oder Grissini.

Im Bild oben:
Käsedip mit Pistazien
Im Bild unten:
Pikante Käsenocken mit Kräutern

Sülzsalat mit Hüttenkäse

Erfrischender sommerlicher Salat – eine leichte Variante des Wurstsalates.

Zutaten für 4 Personen:
1 rote und 1 gelbe Paprikaschote
1 Kopf Frisée- oder Romanasalat
4 kleine Tomaten
2 mittelgroße Möhren
300 g Sülzwurst
150 g Vollmilch-Joghurt
Salz, weißer Pfeffer, frisch gemahlen
1 Teel. Curry
200 g Hüttenkäse
1 unbehandelte Limette oder
1 unbehandelte Zitrone
1 Eßl. Obstessig
1 Kästchen Gartenkresse

Gelingt leicht

Pro Portion etwa:
850 kJ/200 kcal
27 g Eiweiß · 5 g Fett
12 g Kohlenhydrate

- Zubereitungszeit: etwa 30 Minuten

1. Die Paprikaschoten halbieren, die Trennhäute und die Kerne entfernen, das Fruchtfleisch in Streifen schneiden. Den Salat entblättern und gründlich waschen, gut abtropfen lassen oder trockenschleudern. Die Blätter in fingerbreite Streifen schneiden.

2. Von den Tomaten den Strunk keilförmig herausschneiden, die Früchte sekundenlang in kochendes Wasser halten, dann häuten und quer halbieren. Mit einem Teelöffel die Kerne entfernen, das Fruchtfleisch würfeln.

3. Die Möhren schälen, mit dem Sparschäler dünne Scheiben abhobeln. Die Sülzwurst in Streifen schneiden. Für die Sauce den Joghurt mit dem Hüttenkäse verrühren und mit Salz, Pfeffer und dem Curry würzen.

4. Die Limettenschale mit dem Zitrusschalenreißer abraspeln, die Limette entsaften. Den Saft, die Schale und den Essig zum Joghurt quirlen. Die Kresse waschen und die Blättchen dazu schneiden. Die Salatstreifen und die weiteren Zutaten auf einer Platte anrichten, die Sauce darüber gießen.

Broccoliflan mit Kressesauce

Eine feine leichte Vorspeise. Sehr nett sehen die kleinen Flans auch mit Romanesco aus, einer grünen Blumenkohlart mit zapfenförmigen Röschen.

Zutaten für 6 Personen:
2 Eßl. Butter
750 g Broccoli
1 kleine Zwiebel
Salz, weißer Pfeffer
4 Eßl. Weißwein oder Brühe
1 Ei
1 Bund Brunnenkresse oder
2 Beete Gartenkresse
Saft von 1/2 Zitrone
Piment
100 g Sahne
50 g Doppelrahm-Frischkäse

Preiswert

Pro Portion etwa:
820 kJ/200 kcal
9 g Eiweiß · 14 g Fett
6 g Kohlenhydrate

- Zubereitungszeit: etwa 1 Stunde 20 Minuten

Tip!

Die Flans lassen sich leicht aus den Förmchen stürzen, wenn die Masse – kurz abgekühlt – am Rand mit einem spitzen Messer gelöst wird. Die Förmchen umgekehrt auf Teller setzen und diesen kurz auf ein Handtuch aufstoßen.

1. Sechs Förmchen oder Tassen mit 1 Eßlöffel Butter ausstreichen. Den Broccoli putzen, die Stiele schälen, 6 Röschen zur Seite legen. Den Rest kleinschneiden. 1/2 l Wasser aufkochen, die 6 Röschen darin etwa 7 Minuten garen, herausheben und kalt abschrecken. Abtropfen lassen. Den Backofen auf 180° vorheizen.

2. Die Zwiebel fein würfeln, die restliche Butter erhitzen und die Zwiebelwürfel darin glasig dünsten. Die Broccolistücke zugeben, salzen und pfeffern, den Wein zugießen und alles zugedeckt etwa 20 Minuten garen. Zum Schluß den Deckel abnehmen und die Flüssigkeit ganz verdampfen lassen.

3. Das Gemüse im Mixer pürieren, das Ei unterrühren, eventuell nachwürzen. Das Püree auf die Förmchen verteilen, glattstreichen. In eine Bratreine stellen, seitlich heißes Wasser angießen, in den Ofen (Mitte) schieben. Etwa 35 Minuten garen.

4. Für die Sauce die Kresseblättchen von den Stielen zupfen, gründlich waschen und mit dem Zitronensaft, Salz, Pfeffer und etwas Piment, Sahne und dem Frischkäse im Mixer pürieren. Die Flans auf Teller stürzen, Sauce darum herum gießen, mit den Broccoliröschen garnieren.

Tomatensuppe mit Mascarpone

Recht sättigende Vorsuppe für ein festliches Menü.

Zutaten für 6 Personen:
Für die Flädle:
50 g Hirseflocken (Reformhaus)
100 ml Milch
1 Ei
1/2 Bund gemischte Kräuter
Salz
1 Eßl. Butterschmalz zum Braten
50 g Mascarpone
(ersatzweise Sahnequark)
Für die Suppe:
1 Möhre
1 Stange Staudensellerie
1 mittelgroße Zwiebel
1 Knoblauchzehe
2 Eßl. bestes Olivenöl
3/4 l Gemüsebrühe
750 g reife Tomaten
Salz, weißer Pfeffer, frisch gemahlen
1 Zweig frischer Thymian
(oder 1/2 Teel. getrockneter)
3 Eßl. Marsala oder anderer Dessertwein
Zum Garnieren:
100 g Mascarpone

Vollwertrezept

Pro Portion etwa:
720 kJ/170 kcal
5 g Eiweiß · 12 g Fett
10 g Kohlenhydrate

- Zubereitungszeit: etwa 1 3/4 Stunden

1. Für die Flädle die Hirseflocken mit der Milch anrühren, das Ei dazugeben. Die Kräuter waschen, trocknen und fein hacken, zum Flädleteig rühren, leicht salzen. Etwa 45 Minuten quellen lassen.

2. Für die Suppe die Möhre schälen, zunächst in Scheiben, dann in Streifen und diese schließlich in kleine Würfel schneiden. Den Staudensellerie waschen, längs in Streifen, diese quer in Würfel schneiden. Die Zwiebel abziehen und genauso fein würfeln. Den Knoblauch durchpressen.

3. In einem großen Topf das Olivenöl erhitzen, die Zwiebelwürfel glasig braten, dann die Gemüsewürfel zugeben und nur dünsten, nicht bräunen, den Knoblauch einrühren. Die Gemüsebrühe aufgießen, zugedeckt ganz leise köcheln lassen.

4. In einem anderen Topf Wasser zum Kochen bringen. Von den Tomaten den Strunk keilförmig ausschneiden, die Früchte sekundenlang ins kochende Wasser halten, herausheben und enthäuten. Quer halbieren, die Kerne mit einem Teelöffel entfernen. Fruchtfleisch in Würfel schneiden und zur Suppe geben, mit Salz und Pfeffer würzen.

5. Den Thymian waschen, trocknen und die Blättchen abzupfen, mit dem Marsala zur Suppe geben. Etwa 30 Minuten leise sieden lassen.

6. In dieser Zeit die Flädle zubereiten: Den Teig kräftig durchrühren, eventuell noch etwas Wasser zugeben, er soll recht dünnflüssig sein. In einer Pfanne bei mittlerer Hitze in jeweils 1/2 Eßlöffel Butterschmalz aus dem Teig zwei dünne Pfannkuchen backen, auf Küchenkrepp legen.

7. Die Pfannkuchen mit etwa 50 g Mascarpone bestreichen, leicht salzen, nicht zu fest aufrollen und abkühlen lassen. Mit einem scharfen Messer quer in Scheiben zu Flädle schneiden.

8. Zum Servieren die Suppe im Topf mit dem Pürierstab pürieren. Den restlichen Mascarpone mit 1 Prise Salz glatt rühren. Die Flädle auf 6 Teller verteilen, die Suppe darüber schöpfen und jeweils einen Klecks Mascarpone in die Mitte setzen.

Variante:
Klare Gemüsesuppe
Die Zwiebel wie oben andünsten, dann 750 g kleingewürfeltes Gemüse zugeben, 1 l Wasser aufgießen, mit Knoblauch, Salz, Pfeffer, Lorbeerblatt und Piment würzen, 45 Minuten köcheln lassen. Durch ein mit einem Tuch ausgelegtes Sieb gießen, das ausgekochte Gemüse im Tuch fest auspressen. Brühe mit Marsala verfeinern, nach Belieben auch hauchfeine Streifen von Möhre und Lauch hineingeben. Mit den Kräuterflädle servieren.

Tomatensuppe mit Mascarpone-Flädle, sättigend und gut!

Schafkäse in Folie

Ein schnelles Gericht für den kleinen Haushalt

Zutaten für 2 Personen:
2 Eßl. Olivenöl
300 g griechischer Schafkäse
2 kleine Tomaten
1 kleine Zwiebel
8 grüne Oliven
2 eingelegte grüne Peperoni
Thymian, Oregano, Kreuzkümmel
Salz, schwarzer Pfeffer, frisch gemahlen

Schnell

Pro Portion etwa:
2100 kJ/500 kcal
22 g Eiweiß · 43 g Fett
3 g Kohlenhydrate

- Zubereitungszeit: etwa 25 Minuten

1. Den Backofen mit dem Backblech auf 200° vorheizen. Zwei etwa 40 cm lange Stücke Alufolie auf der glänzenden Seite mit 1/2 Eßlöffel Öl bestreichen. Den Schafkäse halbieren, in die Mitte der Folien legen.

2. Die Tomaten waschen, den Strunk keilförmig herausschneiden. Die Früchte in Scheiben schneiden, auf dem Käse verteilen. Die Zwiebel pellen, in dünne Scheiben schneiden, darüber geben. Die Oliven und die Peperoni darum herum anordnen.

3. Das Ganze würzen mit Thymian, Oregano und Kreuzkümmel, sparsam salzen, kräftig pfeffern und das restliche Olivenöl darüber träufeln. Die Folie zu einem Päckchen falten.

4. Die Alupäckchen im Ofen etwa 15 Minuten backen. Heiß in der Folie servieren.

Grünkernblinis mit Ziegenkäse

Blinis sind kleine russische Pfannkuchen, sonst aus Buchweizenmehl, hier pikant mit Grünkernmehl.

Zutaten für 4 Personen:
Für die Blinis:
1/2 l Milch
1/2 Päckchen Hefe
1 Prise Zucker
150 g Grünkernmehl
150 g Weizenmehl
2 Eier
50 g Butterschmalz
Salz
Butterschmalz zum Braten
Für die Käsecreme:
150 g Ziegen-Frischkäse
250 g Sahnequark
100 g Crème fraîche
eventuell 2–3 Eßl. Milch
1 Knoblauchzehe
1 Bund Schnittlauch
Salz, schwarzer Pfeffer, frisch gemahlen

Aufwendig

Pro Portion etwa:
3500 kJ/830 kcal
26 g Eiweiß · 51 g Fett
65 g Kohlenhydrate

- Zubereitungszeit: etwa 1 Stunde

1. Die Milch leicht erwärmen, in einer Schüssel mit der Hefe und dem Zucker verrühren. Grünkern- und Weizenmehl dazumischen, abdecken und etwa 30 Minuten aufgehen lassen.

2. Den Ziegen-Frischkäse mit dem Quark und der Crème fraîche verrühren. Die Knoblauchzehe zerdrücken, den Schnittlauch waschen, trocknen und in feine Röllchen schneiden. Beides mit Salz und Pfeffer unter die Käsemasse rühren. Eventuell noch mit 2–3 Eßlöffel Milch cremiger machen.

3. Die Eier trennen, die Eiweiße steif schlagen. Das Butterschmalz zergehen lassen, auf Handwärme abgekühlt mit den Eigelben unter den Teig rühren, salzen, den Eischnee unterheben.

4. Den Backofen auf 75° vorheizen. Aus dem Teig in heißem Butterschmalz 24–30 handtellergroße Pfannkuchen backen, die fertigen warmhalten. Jeweils 1 Löffel Käsecreme auf einen warmen Blini setzen und servieren.

Im Bild oben: Grünkernblinis mit Ziegenkäse
Im Bild unten: Schafkäse in Folie

Auberginen-Mozzarella-Auflauf

Die Idee für dieses würzige Hauptgericht stammt aus der italienischen Küche.

Zutaten für 4 Personen:
3 mittelgroße Auberginen
Salz
3 große Fleischtomaten
3 Eier
5 Eßl. Olivenöl
6 Sardellenfilets
1 Bund Petersilie
1 Bund frisches Basilikum
3 Knoblauchzehen
2 Kugeln Mozzarella
1 Eßl. Butter
schwarzer Pfeffer, frisch gemahlen
3–4 Eßl. frisch geriebener Parmesan oder Hartkäse

Braucht etwas Zeit

Pro Portion etwa:
1400 kJ/330 kcal
18 g Eiweiß · 24 g Fett
13 g Kohlenhydrate

- Zubereitungszeit: etwa 1 Stunde 20 Minuten

1. Die Auberginen waschen, die Stielansätze entfernen und längs in knapp zentimeterdicke Scheiben schneiden. Mit Salz bestreuen und zur ursprünglichen Form zusammensetzen. Etwa 20 Minuten ziehen lassen.

2. Inzwischen die Tomaten in kochendem Wasser sekundenlang überbrühen, Haut abziehen, Früchte in etwa 1/2 cm dicke Scheiben schneiden. Die Eier hart kochen, abschrecken und pellen. Mit dem Eierschneider in Scheiben zerteilen. Den Backofen auf 220° schalten, das Backblech miterhitzen.

3. Die Auberginenscheiben abtropfen und mit Küchenkrepp gut trocknen. Die Schnittflächen mit 2 Eßlöffeln Olivenöl bestreichen, aufs heiße Backblech legen und im Backofen (Mitte) in 10 Minuten goldbraun backen. Aus dem Ofen nehmen, Hitze auf 180° zurückschalten.

4. Die Sardellenfilets abspülen, trocknen und hacken. Die Petersilie und die Blätter vom Basilikum waschen, trocknen und fein hacken. Den Knoblauch pellen, sehr fein würfeln, mit den Kräutern vermischen. Den Mozzarella in dünne Scheiben schneiden.

5. Eine Auflaufform mit der Butter ausstreichen, zunächst eine Lage Auberginenscheiben hineingeben, darauf Eier- und Tomatenscheiben legen, einen Teil der Sardellen darüber streuen, Mozzarella darauf verteilen, leicht salzen und pfeffern. So fortfahren, bis alles verbraucht ist, die letzte Lage soll aus Käse bestehen.

6. Zum Schluß die Kräuter-Knoblauchmischung darauf verteilen, den Parmesan darüber streuen und die restlichen 3 Eßlöffel Olivenöl darüber träufeln. In den Ofen (Mitte) schieben und 35–40 Minuten backen. Sollte die Oberfläche zu dunkel werden, in der letzten Viertelstunde mit Alufolie abdekken. Dazu einen bunten Salat servieren.

Tip!

Für dieses Gericht können Sie auch gut Zucchini oder Fenchelknollen nehmen, dann aber vorher nicht einsalzen, sondern in Scheiben schneiden und kurz in Olivenöl anbraten. Statt der Sardellenfilets können Sie auch 50 g Pinienkerne nehmen, bei geringer Hitze in einer trockenen Pfanne leicht anbräunen und zwischen die einzelnen Lagen streuen. Dann wäre es ein vegetarisches Gericht.

Der Auberginen-Mozzarella-Auflauf, ein würziges, typisch italienisches Hauptgericht.

Löwenzahnsalat mit Käse

Zutaten für 4 Personen:
1 italienischer Löwenzahnsalat (Catalogna) oder 500 g selbstgesammelte ganz junge Löwenzahnblätter
2 Frühlingszwiebeln
2 Tomaten
12 schwarze Oliven
200 g Weichkäse (Taleggio, Ricotta Salata, Grancino oder Brie)
1/2 Bund Dill
1 Knoblauchzehe
6 Eßl. Olivenöl
Saft von 1 1/2 Zitronen
Salz, Pfeffer, gemahlener Piment

Erfrischend

Pro Portion etwa:
670 kJ/160 kcal
7 g Eiweiß · 12 g Fett
6 g Kohlenhydrate

- Zubereitungszeit: etwa 15 Minuten

1. Den Löwenzahn gründlich waschen, trockenschleudern. In zweifingerbreite Stücke schneiden.

2. Die Frühlingszwiebeln waschen, schräg in Scheiben schneiden. Die Tomaten waschen, ebenfalls in Scheiben schneiden. Den Salat, die Zwiebeln und die Tomaten auf einer Platte anrichten. Mit den Oliven garnieren.

3. Den Weichkäse würfeln und darüber streuen. Für die Sauce den Dill waschen, trocknen und kleinschneiden. Die Knoblauchzehe durchpressen.

4. In einem Schüsselchen das Olivenöl, den Zitronensaft, den Knoblauch und den Dill verrühren, mit Salz, Pfeffer und Piment würzen, über den Salat träufeln und servieren.

»Paprikablüten« mit Käsefüllung

Zutaten für 4 Personen:
1 Zwiebel
1 Knoblauchzehe
150 g Champignons
2 Eßl. Olivenöl
150 g Hirse
400 ml Brühe
8 kleine Paprikaschoten
1 Kästchen Gartenkresse
125 g Camembert
Salz, schwarzer Pfeffer, frisch gemahlen
Schabzigerklee (getr. Würzkraut) oder Rosmarin
8 Streifen Frühstücksspeck (Bacon; etwa 150 g)
1/8 l trockener Rotwein
1/8 l Tomatenpüree
Thymian, Oregano (getrocknet)

Dekorativ

Pro Portion etwa:
2600 kJ/620 kcal
22 g Eiweiß · 39 g Fett
33 g Kohlenhydrate

- Zubereitungszeit: etwa 1 Stunde 20 Minuten

1. Die Zwiebel und den Knoblauch schälen, fein würfeln. Die Champignons putzen und grob hacken. Alles in dem Olivenöl andünsten.

2. Die Hirse in einem Sieb abspülen, abtropfen lassen. Mit der Brühe zum Gemüse geben, aufkochen. Zugedeckt bei geringer Hitze etwa 25 Minuten garen.

3. Die Paprikaschoten waschen, den Stielansatz gerade abschneiden. Die Früchte von der Spitze her kreuzweise bis zum Strunk einschneiden, vorsichtig aufbiegen, Kerne und Trennwände entfernen. Innen ausspülen.

4. Die Kresse waschen, Blättchen abschneiden. Den Camembert entrinden und würfeln. Wenn die Hirse die Brühe aufgesogen hat, den Camembert und die Kresse einrühren, mit Salz, Pfeffer und 1/4 Teelöffel Schabzigerklee würzen. Alles in die Paprikaschoten füllen, dazu aufbiegen und gut vollstopfen, etwas zudrücken.

5. Die Schoten am unteren Ende mit dem Speck umwickeln, mit Zahnstochern feststekken. In einem ausreichend großen Topf den Rotwein mit dem Tomatenpüree erhitzen, mit Salz, Pfeffer, Thymian und Oregano würzen, die Paprikaschoten aufrecht hineinstellen. Zugedeckt 25–30 Minuten schmoren lassen.

Im Bild oben:
Löwenzahnsalat mit Käse
Im Bild unten:
»Paprikablüten« mit Käsefüllung

Broccolisuppe mit Brie

Feine Vorsuppe, die schon recht gut sättigt.

Zutaten für 4–6 Personen:
500 g Broccoli
1 l Hühnerbrühe (frisch oder aus Würfeln)
125 g nicht zu reifer Brie oder Camembert
3 Scheiben Toastbrot
2 gehäufte Eßl. Magerquark
Salz, Muskat
weißer Pfeffer, frisch gemahlen
1 Eßl. Butter

Gelingt leicht

Pro Portion etwa:
1600 kJ/380 kcal
22 g Eiweiß · 28 g Fett
8 g Kohlenhydrate

- Zubereitungszeit: etwa 50 Minuten

1. Den Broccoli waschen, in Röschen und Stengel zerteilen. Die Stengel schälen und klein würfeln.

2. Die Hühnerbrühe aufkochen, Stengel und Röschen darin etwa 10 Minuten kochen. Inzwischen den Brie entrinden, würfeln. Den Toast entrinden, in zentimetergroße Würfel schneiden.

3. Wenn der Broccoli gar ist, 8 Röschen mit dem Schaumlöffel herausheben, restliches Gemüse im Topf mit einem Pürierstab pürieren, dabei den Quark zugeben (nicht mehr kochen).

4. Ist die Suppe cremig, den Brie darin schmelzen lassen. Mit Salz, Pfeffer und Muskat würzen. Die zurückbehaltenen Broccoliröschen in die Suppe geben, warmhalten.

5. Das Toastbrot in der Butter goldgelb rösten und über die Suppe streuen.

Eierkuchenauflauf mit Edelpilzkäse

Zutaten für 4 Personen:
150 g Mehl
4 Eßl. gemahlene Mandeln
1/4 l Milch
1/8 l Mineralwasser
4 Eier
Salz
200 g milder Edelpilzkäse (Bavaria Blu, Bleu de Bresse, Gorgonzola)
2 Zwiebeln
1 Knoblauchzehe
3–4 Eßl. Butterschmalz
2 Dosen Pizza-Tomaten (je 400 g)
Thymian (getrocknet), Tabasco
1 Bund Petersilie
4 Eßl. Semmelbrösel
35 g Butter

Preiswert

Pro Portion etwa:
3000 kJ/700 kcal
28 g Eiweiß · 47 g Fett
45 g Kohlenhydrate

- Zubereitungszeit: etwa 1 Stunde 10 Minuten

1. Das Mehl und die Mandeln mit der Milch und dem Mineralwasser, dann mit den Eiern und Salz verrühren, einige Minuten quellen lassen.

2. Den Käse in dünne Scheiben schneiden oder zerbröseln.

3. Die Zwiebeln und den Knoblauch fein würfeln, in 1 Eßlöffel Butterschmalz andünsten. Die Tomaten unterrühren, mit Salz, Thymian und Tabasco würzen, stark einkochen. Den Backofen auf 75° vorheizen.

4. Inzwischen in einer Pfanne etwas Butterschmalz erhitzen, und nach und nach 6–8 recht dünne Eierkuchen backen; fertige im Ofen warmhalten.

5. Den Käse auf den Eierkuchen verteilen, diese aufrollen und in 5 Zentimeter breite Stükke schneiden. Senkrecht in eine flache Auflaufform setzen. Den Backofen auf 220° schalten.

6. Die Petersilie waschen, trocknen und hacken. Unter die Tomatensauce rühren. Die Sauce um und über die Pfannkuchenrollen gießen, die Semmelbrösel darüber streuen. Die Butter in kleinen Flöckchen auf die Oberfläche setzen. Den Auflauf in den Backofen (Mitte) schieben und in etwa 25 Minuten goldbraun überbacken.

Im Bild oben:
Broccolisuppe mit Brie
Im Bild unten:
Eierkuchenauflauf mit Edelpilzkäse

Spinatpudding mit Käsesauce

Pikantes Hauptgericht

Großmutter bereitete ihn noch oft zu: den pikanten Pudding, der in einer Form im Wasserbad gegart wird. Heute findet man diese silberglänzenden Formen oft nur noch als Dekoration in Küchen.

Zutaten für 4 Personen:
Für den Pudding:
150 g altbackene Brötchen
200 ml Milch
300 g Spinat (geputzt gewogen)
150 g braune Egerlinge oder Champignons
1 Eßl. Zitronensaft
1 Zwiebel
1 kleines Bund Petersilie
2 Eßl. Butter
4 Eier
Salz, Pfeffer, Muskat
Fett für die Form
Für die Sauce:
1 Zwiebel
1 Knoblauchzehe
2 Eßl. Butter
2 Eßl. Mehl
1/4 l Milch
150 ml trockener Weißwein
125 g Edelpilzkäse (Bavaria Blu, Danablu, Gorgonzola)
50 g saure Sahne
Salz, Pfeffer, Thymian (getrocknet)

Für Gäste

Pro Portion etwa:
2500 kJ/600 kcal
23 g Eiweiß · 38 g Fett
31 g Kohlenhydrate

- Zubereitungszeit: etwa 2 Stunden

1. Die Brötchen klein würfeln. Die Milch erhitzen, über die Brötchen gießen und einziehen lassen. Die Spinatblätter mehrmals gründlich waschen, abtropfen lassen.

2. Die Egerlinge feinblättrig schneiden, mit dem Zitronensaft beträufeln. Die Zwiebel schälen, fein würfeln. Die Petersilie waschen, trocknen, fein hacken. Die Zwiebelwürfel in der Butter anbraten, dann die Egerlinge und die Petersilie zugeben und kurz dünsten. Zu den Brötchenwürfeln geben.

3. Den Spinat in etwa 1/2 Tasse kochendem Was-ser mit 1 Prise Salz in 3–5 Minuten zusammenfallen lassen, in ein Sieb zum Abtropfen geben, fest ausdrücken. Mit einem Messer grob hacken.

4. Die Eier trennen. Die Eigelbe mit dem abgekühlten Spinat unter die Brötchenmasse rühren. Mit Salz, Pfeffer und Muskat würzen. Die Eiweiße mit 1 Prise Salz zu Schnee schlagen, locker unter die Masse heben.

5. Eine Puddingform mit Deckel (für 1 1/2 l Inhalt) innen dick ausfetten, die Spinat-Brötchenmasse einfüllen, verschließen. In einen Topf auf eine doppelte Lage Küchenkrepp stellen, seitlich heißes Wasser bis etwa 3 cm unter den Rand füllen. Bei geringer Hitze zugedeckt etwa 1 1/4 Stunden leise sieden lassen.

6. Nach etwa 1 Stunde die Sauce zubereiten: Die Zwiebel und die Knoblauchzehe abziehen und fein würfeln. In der Butter bei mäßiger Hitze andünsten. Das Mehl darüber streuen, unterrühren. Topf kurz neben der Herdplatte abkühlen lassen, die Milch und den Weißwein zugießen, unter Rühren aufkochen, etwa 5 Minuten leise köcheln und binden lassen.

7. Den Käse und die saure Sahne in die Sauce rühren, mit dem Pürierstab durchmixen. Mit Salz, Pfeffer und zerriebenem Thymian abschmecken.

8. Die Puddingform aus dem Wasser nehmen, Deckel abheben, etwa 3 Minuten abkühlen lassen. Den Pudding auf eine Platte stürzen und mit der Käsesauce servieren.

Variante:
Endivienpudding mit Schwarzbrot
Statt der Semmeln die gleiche Menge altbackenes Schwarzbrot nehmen (die Einweichzeit ist dabei länger), statt Spinat Endiviensalat (die dicken, harten Blattstrünke vorher entfernen).

Dieser würzige Spinatpudding gelingt am besten in den alten, verschließbaren Formen.

Quarkblätterteig mit Käse

Kleines Hauptgericht

Wenn Sie die Teigtaschen nur halb so groß machen, passen sie auch kalt zu einem Käsebuffet. Der Quarkblätterteig kann auch etwa 2–3 Tage im voraus zubereitet und im Kühlschrank aufgehoben werden. Auch Tiefkühlen ist möglich, aber nicht zu lange lagern, sonst wird das Fett ranzig.

Zutaten für 4 Personen:
125 g Magerquark
150 g Mehl
Salz
1/4 Teel. Backpulver
100 g kalte Butter
1 kleine Stange Lauch
8 Scheiben Frühstücksspeck (Bacon)
1 Eßl. Öl zum Braten
150 g Weichkäse
50 g gehackte Mandeln
Mehl für die Arbeitsfläche
1 Ei
Fett für das Backblech

Braucht etwas Zeit

Pro Portion etwa:
3100 kJ/740 kcal
22 g Eiweiß · 60 g Fett
29 g Kohlenhydrate

- Zubereitungszeit: etwa 1 1/2 Stunden

1. Für den Teig den Quark in ein mit einem Tuch ausgelegtes Sieb geben, abtropfen lassen, dann gut im Tuch ausdrücken. In eine Schüssel geben.

2. Das Mehl, 1 Prise Salz und das Backpulver darüber streuen, Butter in Flöckchen zerteilen und daraufgeben. Mit zwei Messern gegeneinanderziehend vermischen, dann kurz und schnell zu einem Teig verkneten (er soll nicht so glatt wie üblich sein). In Folie wikkeln und etwa 30 Minuten kühlen.

3. Für die Füllung den Lauch längs aufschneiden, gründlich waschen, in feine Scheiben schneiden. Den Frühstücksspeck in Streifen schneiden, in dem Öl anbraten. Den Lauch dazugeben und etwa 5 Minuten unter Rühren dünsten.

4. Den Käse klein würfeln und zum Lauch geben, die Mandeln untermischen. Die Pfanne vom Herd nehmen und abkühlen lassen.

5. Den gekühlten Teig auf einer bemehlten Arbeitsfläche etwa zentimeterdick ausrollen, von zwei Seiten her zusammenschlagen und erneut ausrollen. Das drei- bis viermal wiederholen. Wenn der Teig recht weich geworden ist, nochmals 1/2 Stunde kühlen. Dann den Backofen auf 200° vorheizen.

6. Den fertigen Blätterteig messerrückendick ausrollen, zu 20x30 cm großen Quadraten ausradeln. Jeweils 2 Eßlöffel Lauchfüllung auf ein Teigblatt geben. Das Ei mit einigen Tropfen Wasser verquirlen.

7. Die Teigränder mit Ei bestreichen. Die Platten zu Rechtecken zusammenfalten, die Ränder mit den Zinken einer Gabel festdrücken, so daß ein schönes Muster entsteht.

8. Die Teigpäckchen auf der Oberfläche mit Ei bestreichen, auf ein leicht gefettetes Backblech setzen und im Backofen (Mitte) etwa 20 Minuten mittelbraun backen. Mit Salat servieren.

Variante:

Schnelle Teigtaschen

Viel fixer geht das Rezept natürlich mit tiefgekühltem Fertig-Blätterteig. Dieser muß nur aufgetaut werden; die einzelnen Platten werden leicht mit Mehl bestäubt und etwa auf die doppelte Größe ausgerollt. Für die Füllung können Sie auch ganz einfach 250 g Doppelrahm-Frischkäse nehmen und mit reichlich gehackten Kräutern – mindestens 3 gehäufte Eßlöffel voll – und der gleichen Menge gehackten Nüssen vermischen. Gehackte Nüsse gibt es auch fertig gemischt als Backzutat. Blätterteig wie oben füllen, die Ränder aber mit einem Messerrücken festdrücken, damit der Teig schön aufblättern kann. Beim Bestreichen auch darauf achten, daß kein Ei über die Ränder fließt.

Meraner Rosenkohl

Üppige Beilage oder – mit Kartoffelrösti – ein fleischloses Hauptgericht

Zutaten für 4 Personen:
500 g Eßkastanien (Maroni; notfalls 1 Dose geschälte)
500 g Rosenkohl
Salz
1 große Zwiebel
2–3 Knoblauchzehen
200 g Weichkäse (Grancino, Camembert, Revidoux)
2 Eßl. Butter
4 Eßl. Crème fraîche
Pfeffer, Muskat

Preiswert

Pro Portion etwa:
2400 kJ/570 kcal
21 g Eiweiß · 28 g Fett
58 g Kohlenhydrate

- Zubereitungszeit: etwa 1 Stunde

1. Den Backofen auf 180° vorheizen. Die Schale der Kastanien mit scharfem Messer einschneiden, auf einem Backblech in den Ofen schieben und etwa 15 Minuten rösten.

2. Inzwischen den Rosenkohl putzen, am Stiel kreuzweise einschneiden. In wenig Salzwasser zugedeckt etwa 15 Minuten kochen, dann auf einem Sieb abtropfen lassen.

3. Die Kastanien etwas abgekühlt schälen, dabei auch die dunkle Haut unter der Schale entfernen. Die Zwiebel und den Knoblauch fein würfeln. Den Weichkäse entrinden, in Würfel schneiden.

4. In einer großen Pfanne die Butter erhitzen, die Zwiebel und den Knoblauch braun dünsten. Dann die Kastanien und den Rosenkohl darin schwenken, die Crème fraîche und die Käsewürfel zugeben, schmelzen lassen. Mit Salz, Pfeffer und Muskat würzen.

Rinderfilet mit Käsebirnen

Feines Sonntags-Hauptgericht

Zutaten für 4 Personen:
2 reife, feste Birnen
1/4 l Weißwein
75 g Champignons
2 Eßl. Butter
Salz, Pfeffer
75 g milder Weichkäse (Brie, Suprême, St. André)
1 Zwiebel
1 Eßl. Butterschmalz
4 Rinderfilet-Steaks, je 125 g
75 g Crème fraîche
Thymian (getrocknet)

Gelingt leicht

Pro Portion etwa:
2100 kJ/500 kcal
35 g Eiweiß · 29 g Fett
13 g Kohlenhydrate

- Zubereitungszeit: etwa 45 Minuten

1. Die Birnen schälen, längs halbieren und das Kerngehäuse entfernen. Den Weißwein aufkochen, die Birnenhälften darin etwa 3 Minuten sachte garen, vom Herd nehmen. Den Backofen auf 200° vorheizen.

2. Die Champignons putzen, grob hacken. 1 Eßlöffel Butter erhitzen, die Pilze darin anbraten. Salzen und pfeffern.

3. Die Birnen aus dem Kochsud heben, abkühlen lassen. Den Käse entrinden und klein würfeln, unter die Champignons rühren. Auf die Birnenhälften häufen, auf einer hitzefesten Platte in den Backofen (Mitte) schieben und etwa 10 Minuten überbacken.

4. Die Zwiebel hacken. Das Butterschmalz in einer schweren Pfanne erhitzen. Die Steaks gut trocknen, pro Seite 4–6 Minuten braten, salzen und pfeffern. Den Backofen ausschalten, einen Spalt öffnen, die Steaks neben den Birnen warmhalten.

5. Das Fett aus der Pfanne abgießen, die restliche Butter schmelzen lassen und die Zwiebel darin andünsten. Den Birnendünstsud aufgießen, auf die Hälfte einkochen, die Crème fraîche einrühren, mit Salz, Pfeffer und Thymian abschmecken. Die Sauce über die Filets gießen, jeweils eine Birnenhälfte dazu anrichten.

Bild oben: Meraner Rosenkohl
Bild unten: Rinderfilet mit Käsebirnen

Radicchio-Käsesalat

Rustikaler, sättigender Salat, der im Sommer gut ein Mittagessen ersetzen kann. Nehmen Sie leicht säuerlichen halbfesten Schnittkäse wie Pyrenäenkäse oder einen Bel Paese.

Zutaten für 4 Personen:
500 g festkochende Kartoffeln
3 Frühlingszwiebeln
50 g Räucherspeck
1 Bund Petersilie
1 Kopf Radicchio
150 g halbfester Schnittkäse
1 Eßl. Pflanzenöl
100 ml Weißwein
3 Eßl. Weißweinessig
100 ml Brühe
Salz; weißer Pfeffer, frisch gemahlen

Gelingt leicht

Pro Portion etwa:
1500 kJ/360 kcal
14 g Eiweiß · 21 g Fett
23 g Kohlenhydrate

- Zubereitungszeit: etwa 1 Stunde

1. Die Kartoffeln ungeschält in etwa 30 Minuten gar kochen. Inzwischen die Frühlingszwiebeln waschen, putzen, schräg in fingerbreite Stücke schneiden. Den Räucherspeck sehr fein würfeln.

2. Die Petersilie waschen, trocknen und grob hacken. Den Radicchio waschen, Blätter ablösen und in Stücke zerzupfen. Den Schnittkäse in schmale Streifen schneiden.

3. Die garen Kartoffeln pellen, noch heiß in Scheiben schneiden. Den Speck in einer Pfanne im Öl anbraten. Die Zwiebeln zugeben, rundum andünsten. Den Weißwein, den Essig und die Brühe angießen, mit Salz und Pfeffer würzen.

4. Heiß über die Kartoffeln gießen, untermischen. Wenn der Salat etwas abgekühlt ist, die Petersilie, den Radicchio und die Käsestreifen unterheben, nachwürzen. Bis zum Servieren durchziehen lassen.

Überbackener Spinat

Als Vorspeise oder Beilage zu Kurzgebratenem zu servieren. Statt Spinat lassen sich auch gut Mangoldblätter verwenden.

Zutaten für 4 Personen:
1 kg zarter Spinat
1/2 Bund glatte Petersilie
3 Zweige Basilikum oder Majoran
100 g halbfester Schnittkäse
(Taleggio, Vacherin)
1/2 l Fleischbrühe
1 Eßl. Butter
Saft von 1/2 Zitrone
Salz, weißer Pfeffer, frisch gemahlen
3 Eßl. Olivenöl

Gelingt leicht

Pro Portion etwa:
1000 kJ/240 kcal
13 g Eiweiß · 10 g Fett
3 g Kohlenhydrate

- Zubereitungszeit: etwa 40 Minuten

1. Den Spinat putzen, Stiele entfernen. Die Blätter gründlich waschen, abtropfen lassen. Die Petersilie waschen, trocknen und fein hacken, ebenso das Basilikum. Den Schnittkäse in Streifen schneiden. Den Backofen auf 230° vorheizen.

2. Die Fleischbrühe aufkochen. Portionsweise den Spinat darin etwa 1 Minute garen, abtropfen lassen.

3. Eine flache Auflaufform mit der Butter ausstreichen, einen Teil Spinat, etwas Käse und Kräuter einfüllen. Mit dem Zitronensaft und wenig Salz und Pfeffer würzen. So fortfahren, bis alles verbraucht ist.

4. Zuletzt das Olivenöl darüber träufeln. Im Backofen (Mitte) 10–15 Minuten überbacken. Heiß servieren, zum Beispiel mit Baguette.

Tip!

Die Spinat-Kochbrühe wird natürlich nicht weggegossen, sondern anderweitig verwendet: etwa zum Aufgießen von einer Einbrenne für eine Sauce – die damit eine interessante grüne Farbe bekommt.

Im Bild oben: Überbackener Spinat
Im Bild unten: Radicchio-Käsesalat

Roter Bohnensalat mit Käse

Aparter Vorspeisensalat

Zutaten für 4 Personen:
250 g getrocknete rote Bohnen oder Wachtelbohnen (braun, mit kleinen Flecken)
Salz
250 g Tomaten
1 grüne Peperoni
1 grüne oder gelbe Paprikaschote
1 Zwiebel
1 Knoblauchzehe
grober schwarzer Pfeffer
4 Eßl. Weißweinessig
6 Eßl. Pflanzenöl
250 g halbfester Schnittkäse (Butterkäse, Bel Paese, Port Salut)

Braucht etwas Zeit

Pro Portion etwa:
2400 kJ/570 kcal
32 g Eiweiß · 32 g Fett
37 g Kohlenhydrate

- Einweichzeit: etwa 12 Stunden
- Zubereitungszeit: etwa 2 Stunden

1. Die roten Bohnen in kaltem Wasser etwa 12 Stunden einweichen. Wasser abgießen, Bohnen mit reichlich frischem Wasser aufsetzen und etwa 1 1/2 Stunden kochen. Erst nach 1 Stunde salzen.

2. Die Bohnen abgießen, und gut abtropfen lassen. Die Tomaten mit kochendem Wasser überbrühen, häuten, den Strunk herausschneiden, die Früchte in Stücke schneiden, entkernen.

3. Die Peperoni waschen, längs aufschlitzen, entkernen. Schote in feine Streifchen schneiden. Die Paprikaschote waschen, halbieren, Kerne und Trennhäute entfernen, Fruchtfleisch in Streifen schneiden. Die Zwiebel und die Knoblauchzehe pellen und fein würfeln.

4. Alle diese Zutaten vermischen, salzen und pfeffern. Essig und Öl verquirlen und darüber träufeln. Den Käse in Streifen schneiden, unterheben. Etwa 1/2 Stunde im Kühlschrank durchziehen lassen.

Gefüllte Käsezwiebeln

Geschmorte Zwiebeln als Vorspeise oder als kleines Hauptgericht.

Zutaten für 4 Personen:
4 große Gemüsezwiebeln
Salz
50 g gekochter Schinken
100 g halbfester Schnittkäse
1 mittelgroße Möhre
1 Stange Staudensellerie
1 Knoblauchzehe
2 Eßl. Butter
Pfeffer, Muskat
1/8 l Fleischbrühe

Preiswert

Pro Portion etwa:
940 kJ/220 kcal
11 g Eiweiß · 16 g Fett
10 g Kohlenhydrate

- Zubereitungszeit: etwa 1 1/2 Stunden

1. Die Gemüsezwiebeln pellen, am Wurzelansatz glatt schneiden, in reichlich Salzwasser etwa 45 Minuten leise köchelnd garen. Abtropfen lassen. Oben einen Deckel abschneiden und mit einem Teelöffel das Zwiebelfleisch bis auf zwei äußere Schichten auslösen.

2. Den Deckel und das Ausgelöste fein würfeln, ebenso den Schinken. Schnittkäse in kleine Stücke schneiden. Backofen auf 220° vorheizen.

3. Die Möhre und den Staudensellerie waschen und in ganz feine Würfel schneiden. Den Knoblauch pellen und hacken. Alles in Butter sachte andünsten. Ein Drittel der Zwiebelwürfel und den Schinken zugeben, kurz durchrühren, die Käsewürfel untermischen. Mit wenig Salz, Pfeffer und Muskat würzen.

4. Gemüse-Käsemischung in die Zwiebeln füllen, diese in eine flache Form setzen, die übrigen Zwiebelwürfel darum herum verteilen und die Brühe angießen. Im Backofen (Mitte) etwa 15 Minuten überbacken.

Im Bild oben: Roter Bohnensalat mit Käse
Im Bild unten: Gefüllte Käsezwiebeln

Käse-Tortilla

Kleines Hauptgericht

In Spanien liebt man »Tortilla de patatas«, ein Kartoffelomelett, als Vorspeise oder kleines Hauptgericht. Mit Käse wird es noch würziger und delikater – und sättigender. Dazu gibt man einen bunt gemischten Salat. Die Tortilla können Sie aber auch kalt servieren: In kleine Quadrate geschnitten als Häppchen oder auch zu gebratenem Fisch als Beilage.

Zutaten für 4 Personen:
2 feste, reife Tomaten
1 kleine Stange Lauch
400 g vorwiegend festkochende Kartoffeln
5 Eßl. Olivenöl
Salz
schwarzer Pfeffer, frisch gemahlen
4 Eier
1/4 Teel. Oregano (getrocknet)
125 g halbfester Schnittkäse (Butterkäse, Pyrenäenkäse)

Gelingt leicht

Pro Portion etwa:
1500 kJ/360 kcal
18 g Eiweiß · 25 g Fett
18 g Kohlenhydrate

- Zubereitungszeit: etwa 40 Minuten

1. Grünen Strunk der Tomaten ausschneiden, die Früchte sekundenlang in kochendem Wasser überbrühen, häuten, halbieren, entkernen, würfeln. Den Lauch längs aufschneiden, gründlich waschen, abgetropft in schmale Streifen schneiden.

2. Die Kartoffeln schälen, in 1/2 cm große Würfel schneiden. In einer möglichst beschichteten Pfanne im mäßig heißen Olivenöl unter Wenden garen – nicht bräunen. Nach etwa 10 Minuten den Lauch und die Tomaten zugeben, leicht salzen und pfeffern. Kurz mitdünsten.

3. Die Eier mit Salz, Pfeffer und dem Oregano verquirlen, über die Kartoffel-Gemüsemischung gießen. Den Käse würfeln und darüber verteilen. Die Tortilla zugedeckt langsam stocken lassen.

4. Ist die Oberfläche fest und trocken, die Tortilla auf einen flachen Deckel stürzen, zurück in die Pfanne gleiten lassen. Nun bei etwas stärkerer Hitze ohne Deckel leicht bräunen lassen. Tortilla vierteln und heiß servieren.

Champignon-Käse-Spieße

Gebratene Spieße einmal anders: Champignons werden gegeneinandergesetzt, so umschließen sie den Käse als Füllung. Achten Sie beim Einkaufen darauf, daß die Champignonköpfe schon etwas geöffnet und möglichst gleich groß sind. Erhalten Sie gerade keine Grillzwiebeln, nehmen Sie normale und vierteln sie. Die Spieße werden auf einer Tomatensauce serviert.

Zutaten für 4 Personen:

Für die Spieße:
400 g gleich große, leicht geöffnete Champignons
125 g halbfester Schnittkäse (Butterkäse, Bel Paese, Port Salut)
200 g flache Grillzwiebeln
125 g Frühstücksspeck in dünnen Scheiben (Bacon)
1–2 Eßl. Öl zum Bestreichen

Für die Sauce:
1 kleine Zwiebel
1 Eßl. Olivenöl
1/8 l Rotwein
1 große Dose Tomaten
Salz, Pfeffer, Thymian
5–10 Tropfen Tabasco
1 Prise Zucker

Raffiniert

Pro Portion etwa:
1100 kJ/260 kcal
13 g Eiweiß · 17 g Fett
10 g Kohlenhydrate

- Zubereitungszeit: etwa 45 Minuten

1. Die Champignons säubern, die Stiele ausbrechen und zur Seite legen. Den Schnittkäse in Würfel schneiden (so groß, daß sie später in die Pilzköpfe passen). Die Grillzwiebeln schälen. Den Backofen auf 200° vorheizen.

2. Je 2 Champignons mit der Öffnung gegeneinander um 1 Stück Käse setzen, mit 1 Scheibe Frühstücksspeck umwickeln. Abwechselnd mit den Zwiebeln auf geölte Spieße stecken. Leicht mit Öl bepinseln.

3. Auf leicht geöltem Backblech in den Backofen (Mitte) schieben und 25–30 Minuten braten, dabei einmal umdrehen (oder in einer Pfanne rundum braun braten).

4. Für die Sauce die Zwiebel und die Pilzstiele würfeln, in Öl anbraten. Den Rotwein und die Tomaten zugeben, dick einkochen lassen. Mit Salz, Pfeffer, Thymian, dem Tabasco und dem Zucker würzen. Auf Teller verteilen, die Spieße darauf anrichten.

Omelette mit Käse und Schillerlocken

Zutaten für 4 Personen:
125 g braune Egerlinge oder Champignons
4 reife Tomaten
1 Zwiebel
250 g Schillerlocken
3 Eßl. Butter
1/2 Bund Dill
125 g halbfester Schnittkäse (Butterkäse, Bel Paese, Pyrenäenkäse)
6 Eier
Salz, weißer Pfeffer, Tabasco

Gelingt leicht

Pro Portion etwa:
2200 kJ/570 kcal
32 g Eiweiß · 44 g Fett
3 g Kohlenhydrate

- Zubereitungszeit: etwa 40 Minuten

1. Die Pilze mit Küchenkrepp säubern, in Scheiben schneiden. Den grünen Strunk der Tomaten ausschneiden, die Früchte in Stücke schneiden. Die Zwiebel pellen, in Scheiben schneiden. Die Schillerlocken in Stücke zerteilen.

2. In einer großen, möglichst beschichteten Pfanne die Butter erhitzen. Die Zwiebel und die Pilze anbraten, die Tomatenstücke zugeben.

3. Den Dill waschen, trocknen und fein hacken. Den Käse in Würfel schneiden. Die Eier mit Salz, Pfeffer und 2–3 Tropfen Tabasco verquirlen.

4. Den Käse und die Schillerlocken zum Gemüse geben, die Eier darüber gießen. Die Masse zur Mitte hin schieben, bis das Rührei gestockt ist, aber noch saftig glänzt. Mit dem Dill bestreut servieren.

Fischklößchen mit Käsesauce

Feines Zwischengericht oder leichte Hauptmahlzeit. Dazu Reis oder Kartoffelpüree.

Zutaten für 4 Personen:
500 g Fischfilet (Rotbarsch, Seelachs)
1 Ei
250 g Sahne
Salz, weißer Pfeffer, frisch gemahlen
gemahlener Piment, Muskat
1 Eßl. Cognac oder Weinbrand
3 vollreife Tomaten
1 Zwiebel
1 Bund Schnittlauch
1 Eßl. Butter
100 ml trockener Weißwein
100 g halbfester Schnittkäse (Butterkäse, Port Salut, Tomme de Savoie)

Für Gäste

Pro Portion etwa:
1800 kJ/430 kcal
31 g Eiweiß · 29 g Fett
3 g Kohlenhydrate

- Zubereitungszeit: etwa 1 Stunde 10 Minuten

1. Das Fischfilet säubern, mit Küchenkrepp trocknen und die Gräten entfernen. In Würfel schneiden und im Blitzhacker pürieren. Das Ei und 3 Eßlöffel Sahne untermischen, mit Salz, Pfeffer, Piment, Muskat und dem Cognac würzen. Für etwa 30 Minuten in den Kühlschrank stellen.

2. Inzwischen den Strunk der Tomaten ausschneiden, die Früchte überbrühen, häuten und entkernen. Fruchtfleisch in Würfel schneiden. Die Zwiebel pellen und fein würfeln. Den Schnittlauch waschen, trocknen und in feine Röllchen schneiden.

3. In einem breiten Topf 1 1/2 l Wasser mit 1 Eßlöffel Salz aufsetzen. In einer Kasserolle die Butter erhitzen, die Zwiebelwürfel darin hellblond andünsten. Die Tomatenwürfel und den Weißwein zugeben, etwas einkochen, dann die restliche Sahne zugießen. Bei geringer Hitze etwa 15 Minuten leise köcheln lassen. Den Backofen auf 75° vorheizen.

4. Mit zwei Eßlöffeln aus der Fischfarce längliche Klöße formen, im leise siedenden Salzwasser etwa 10 Minuten garen. Mit einem Schaumlöffel herausheben, warmstellen.

5. Den Schnittkäse in Würfel schneiden, in die Sahne rühren und schmelzen lassen. Mit Salz und Pfeffer würzen, den Schnittlauch einrühren und die Sauce über die Nocken gießen.

Bild oben: Fischklößchen mit Käsesauce
Bild unten: Omelette mit Käse und Schillerlocken

BEL PAESE

Kräuterbraten mit Nuß-Käse-füllung

Das »falsche Filet«, das für diesen Braten genommen wird, können Sie, wenn es gut abgehangen ist, auch für ein Rindergeschnetzeltes verwenden.

Zutaten für 4–6 Personen:
1 kg falsches Filet oder anderes, mageres Rinderschmorfleisch
Salz, Pfeffer
je 2 Zweige glatte Petersilie, Thymian und Majoran
1 kleiner Zweig Rosmarin
2 Knoblauchzehen
75 g Pecan- oder Walnüsse
100 g halbfester Schnittkäse (Butterkäse, Bel Paese, Pyrenäenkäse)
50 g fetter Speck in dünnen Scheiben
1 Eßl. Butterschmalz
1 Zwiebel
2 Möhren
1 Stück Sellerieknolle (etwa 75 g)
1/2 l leichte Fleischbrühe
125 g Crème fraîche

Für Gäste

Bei 5 Personen pro Portion etwa:
2300 kJ/550 kcal
53 g Eiweiß · 37 g Fett
4 g Kohlenhydrate

- Zubereitungszeit: etwa 2 1/2 Stunden

1. Das Fleisch mit Küchenkrepp trocknen, auf ein Brett legen und von der Längsseite her so einschneiden, daß man es zu einer großen Fleischplatte aufklappen kann. Auf der Innenseite salzen und pfeffern.

2. Die Kräuter waschen, trocknen und grob hacken. Die Knoblauchzehen schälen, fein hacken. Die Pecannüsse schälen und grob hacken. Den Käse würfeln. Alles mischen und auf der Innenseite des Fleischs verteilen.

3. Das Fleisch zusammenklappen, auf der Oberseite mit den Speckscheiben belegen und mit Küchengarn zu einem Rollbraten binden.

4. In einem Bräter das Butterschmalz erhitzen, den Braten mit der Speckseite nach unten hineinlegen und bei mittlerer Hitze langsam anbraten.

5. Inzwischen die Zwiebel, die Möhren und den Sellerie schälen und in grobe Würfel schneiden. Den Braten wenden, seitlich die Gemüsewürfel dazu streuen und unter Rühren mitbräunen. Etwas von der Fleischbrühe zugießen und den Braten fest zugedeckt etwa 2 Stunden schmoren lassen. Nach und nach die übrige Brühe zugießen.

6. Nach der Garzeit den Backofen auf 75° vorheizen. Den Braten auf eine Platte heben und im Ofen warmstellen. Den Bratfond samt Gemüse im Mixer glatt pürieren. Zurück in den Topf geben, die Crème fraîche zugeben. Einmal aufkochen und mit Salz und Pfeffer abschmecken.

7. Vom Braten Garn und Speck entfernen, das Fleisch (am besten mit dem Elektromesser) in Scheiben aufschneiden. Die Sauce extra dazu reichen.

Variante:
Spinat-Käsebraten
Eine italienische Note bekommt der Braten, wenn Sie ihn so füllen: 200 g Blattspinat gut waschen und putzen, kurz im eigenen Saft dünsten, die Blätter gut ausdrücken. 50 g Pinienkerne in trockener Pfanne leicht anrösten. 75 g Parmesan zerbröseln. Diese Mischung auf dem Fleisch verteilen, wie oben binden. Nach dem Anbraten löschen Sie mit kräftigem Rotwein ab, nehmen dann zum weiteren Aufgießen Fleischbrühe oder Wasser und würzen zum Schluß mit Thymian. Statt Crème fraîche nehmen Sie 1–2 Eßlöffel Tomatenmark zum Binden der Sauce.

Dieser saftige Schmorbraten wird von feinen Kräutern und einer Gemüsesoße begleitet.

Käse-Brot-Suppe

Sättigende Vorsuppe

Zutaten für 4 Personen:
1 mittelgroße Zwiebel
1 Knoblauchzehe
1 Eßl. Butterschmalz oder Öl
3 Scheiben altbackenes Sechskorn- oder Sonnenblumenbrot
1/4 l trockener Weißwein
3/4 l Fleisch- oder Gemüsebrühe
2 Möhren
2 Frühlingszwiebeln
3 Stangen Staudensellerie
Salz, 5 Pfefferkörner,
1/2 Teel. Kümmelsamen
3 Zweige Petersilie
150 g Schnittkäse (Gouda, Chester, Raclettekäse)
4 Eßl. Sahne oder Crème fraîche

Preiswert

Pro Portion etwa:
1400 kJ/330 kcal
13 g Eiweiß · 23 g Fett
10 g Kohlenhydrate

- Zubereitungszeit: etwa 1 Stunde

1. Die Zwiebel und die Knoblauchzehe abziehen und sehr fein würfeln. In einem Suppentopf das Butterschmalz erhitzen, Zwiebel- und Knoblauchwürfel bei mäßiger Hitze goldbraun anbraten. Inzwischen das Brot in Würfel schneiden, ebenfalls in den Topf geben und kurz mitrösten.

2. Den Weißwein und die Brühe aufgießen, zugedeckt langsam zum Kochen bringen, dann etwa 15 Minuten leise sieden lassen. In dieser Zeit das Gemüse waschen, die Möhren schälen und würfeln, die Frühlingszwiebeln in feine Scheiben schneiden, die Selleriestangen längs halbieren und in kleine Stücke schneiden.

3. Das Gemüse zur Brühe geben, mit wenig Salz, den zerdrückten Pfefferkörnern und dem Kümmel würzen. Weitere 30 Minuten garen. Zum Schluß die Petersilie waschen, trocknen und hacken, in die Suppe rühren. Den Käse entrinden und in kleine Würfel schneiden, in der Suppe schmelzen lassen. Auf Teller verteilen, jeweils 1 Eßlöffel Sahne einrühren.

Apfel-Leber-Toast

Für dieses Gericht darf der Käse nicht zu würzig sein.

Zutaten für 4 Personen:
2 Äpfel
1/2 Eßl. Zitronensaft
1 Eßl. Butter
4 Scheiben Roggenbrot
4 kleine Scheiben Kalbs- oder Schweineleber
1 Eßl. Pflanzenöl zum Braten
Salz, schwarzer Pfeffer, Thymian
200 g Schnittkäse (Edamer, Gouda, Trappistenkäse)
4 Teel. Preiselbeerkonfitüre

Gelingt leicht

Pro Portion etwa:
1700 kJ/400 kcal
24 g Eiweiß · 23 g Fett
23 g Kohlenhydrate

- Zubereitungszeit: etwa 30 Minuten

1. Das Kerngehäuse der Äpfel ausstechen, die Äpfel schälen und in Scheiben schneiden. Mit etwas Zitronensaft beträufeln. Die Butter erhitzen, die Roggenbrotscheiben auf einer Seite hell rösten. Mit der gerösteten Seite nach oben auf vier ofenfeste Teller geben. Grill oder Backofen vorheizen (mittlere Stufe oder 220°).

2. Die Leberscheiben trockentupfen, im heißen Öl pro Seite etwa 4 Minuten braten. Auf die Brotscheiben legen, mit Salz, Pfeffer und Thymian würzen. Die Apfelscheiben darauf verteilen.

3. Den Käse entrinden und in Scheiben hobeln oder schneiden, auf die Schnitten verteilen. Unterm Grill oder im heißen Ofen so lange backen, bis der Käse zerläuft. Dann jeweils 1 Teelöffel Preiselbeerkonfitüre darauf setzen und sofort servieren.

Im Bild oben: Käse-Brot-Suppe
Im Bild unten: Apfel-Leber-Toast

Romanasalat mit Käse und Kiwi

Erfrischend leicht und fruchtig

Zutaten für 4 Personen:
1 kleiner Kopf Romanasalat
4 reife Tomaten
2 Kiwis
200 g würziger Schnittkäse (Emmentaler, Greyerzer, mittelalter Gouda)
4 Eßl. Obstessig
4 Eßl. Pflanzenöl
Salz, weißer Pfeffer, frisch gemahlen
3 Eßl. saure Sahne

Gelingt leicht

Pro Portion etwa:
1200kJ/290 kcal
14 g Eiweiß · 23 g Fett
6 g Kohlenhydrate

• Zubereitungszeit: etwa 20 Minuten

1. Den Romanasalat zerpflükken, gut waschen, abtropfen lassen und in Streifen schneiden. Die Tomaten waschen, in Scheiben schneiden. Die Kiwis schälen und in dünne Scheiben schneiden.

2. Den Käse eventuell entrinden. In dünne Streifen schneiden. Mit dem Salat, den Tomaten, den Kiwis und dem Käse, auf einer Platte anrichten.

3. Für die Sauce den Obstessig mit dem Öl, Salz, Pfeffer und zum Schluß der Sahne kräftig verquirlen. Über den Salat träufeln.

Knusprige Semmel-Käseknödel

Mit Salat ein Hauptgericht

Zutaten für 4 Personen:
Für die Knödel:
300 g mehlig-festkochende Kartoffeln
1 Zwiebel
1 Bund glatte Petersilie
1 Eßl. Butter
200 g altbackene Semmeln (etwa 4 Stück)
250 ml Milch
2 Eier
100 g geriebener Schnittkäse (Emmentaler, Gouda, Tilsiter)
3–4 Eßl. Hirseflocken (Reformhaus)
Salz, weißer Pfeffer, frisch gemahlen
Butterschmalz zum Braten
Für die Sauce:
1 Zwiebel
1 Eßl. Butter
2 Eßl. Mehl
200 ml Milch
200 g Sahne
1 Teel. Zitronensaft
Salz, Pfeffer, Piment, Muskat
1 Bund Dill

Vegetarisch

Pro Portion etwa:
3200 kJ/760 kcal
25 g Eiweiß · 41 g Fett
73 g Kohlenhydrate

• Zubereitungszeit: etwa 1 Stunde

1. Die Kartoffeln waschen und als Pellkartoffeln etwa 25 Minuten garen.

2. Die Zwiebel schälen, fein hacken. Ebenso die gewaschene und gut getrocknete Petersilie. Die Butter erhitzen, Zwiebelwürfel glasig dünsten, dann die Petersilie zugeben. In eine Schüssel füllen. Die Semmeln in Scheiben schneiden, ebenfalls in die Schüssel geben. Die Milch und die Eier darübergeben, vermischen und durchziehen lassen.

3. Gare Kartoffeln abgießen, pellen und zerdrücken. Etwas abgekühlt unter die Semmelmasse mischen. Den Käse und die Hirseflocken dazu rühren, mit Salz und Pfeffer abschmekken. Etwas quellen lassen.

4. Für die Sauce die Zwiebel schälen und hacken. In der Butter hell anbraten, das Mehl darüber stäuben, durchrühren. Vom Herd ziehen, kurz abkühlen lassen. Die Milch und die Sahne angießen, langsam unter Rühren zum Kochen erhitzen. Mit dem Zitronensaft, Salz, Pfeffer, Piment und Muskat würzen. Warmhalten.

5. Aus der Semmel-Kartoffel-Masse 8 Knödel formen, flachdrücken und in heißem Butterschmalz pro Seite in etwa 8 Minuten langsam hellbraun braten.

6. Den Dill waschen, trocknen und fein schneiden. In die Sauce rühren, nochmals abschmekken und zu den Knödeln servieren.

Bild oben:
Romanasalat mit Käse und Kiwi
Bild unten:
Knusprige Semmel-Käseknödel

Hirse-Äpfel auf Sahnekraut

Ein Hauptgericht nicht nur für Hirsefans.

Zutaten für 4 Personen:
1 Zwiebel
2 Eßl. Pflanzenöl
600 g Sauerkraut
100 ml Gemüsebrühe
1 Teel. Honig
70 g Speisehirse
1 Eßl. Butter
300 ml leichte Gemüsebrühe
4 große säuerliche Äpfel
75 g mildwürziger Schnittkäse (mittelalter Gouda, Edamer, Elbo)
2 Zweige frisches Basilikum
200 g Sahne
1 Teel. Kümmel

Vollwertig

Pro Portion etwa:
2100 kJ/500 kcal
11 g Eiweiß · 31 g Fett
42 g Kohlenhydrate

- Zubereitungszeit: etwa 1 Stunde

1. Die Zwiebel schälen und nicht zu fein würfeln. Im Öl anbraten und leicht bräunen. Das Sauerkraut und die Brühe zugeben, den Honig einrühren. Zugedeckt etwa 20 Minuten garen.

2. Inzwischen die Hirse in der Butter sanft anrösten, die Gemüsebrühe aufgießen, zugedeckt etwa 20 Minuten leise köcheln lassen.

3. Die Äpfel waschen, Kerngehäuse und einen Teil des Fruchtfleisches mit einem Kugelausstecher entfernen, die Apfelschnipsel zum Kraut geben.

4. Den Käse entrinden, würfeln. Das Basilikum waschen, trocknen, Blättchen hacken. Beides unter die Hirse rühren, die Masse in die Äpfel füllen.

5. Die Sahne und den Kümmel zum Kraut geben, die Äpfel darauf setzen. Zugedeckt noch etwa 15 Minuten garen. Auf dem Kraut servieren.

Grünkernspätzle mit Käse

Fleischloses Hauptgericht

Zutaten für 4 Personen:
300 g Weizenmehl
100 g Grünkernmehl
2 Eier
Salz
200 g Käse (1/3 milder Butterkäse oder junger Gouda, 1/3 würziger Schnittkäse wie Raclette, 1/3 Hartkäse wie Parmesan oder Gruyère)
4 Zwiebeln (etwa 250 g)
3 Eßl. Butter
schwarzer Pfeffer, frisch gemahlen

Vegetarisch

Pro Portion etwa:
2800 kJ/670 kcal
27 g Eiweiß · 29 g Fett
74 g Kohlenhydrate

- Zubereitungszeit: etwa 1 Stunde

1. Für den Spätzleteig beide Mehlsorten mit 1/4 l Wasser, den Eiern und Salz verrühren. Etwa 30 Minuten quellen lassen.

2. Die Käsesorten raspeln oder in dünne Scheiben hobeln. Die Zwiebeln schälen und in Scheiben schneiden.

3. In einer Pfanne die Butter zergehen lassen. Mit einem Teil davon eine mittelhohe Auflaufform ausfetten, im Rest die Zwiebelringe bei mittlerer Hitze langsam braun braten, leicht salzen, zur Seite stellen.

4. Die Auflaufform in den Backofen stellen, auf 180° erhitzen. Mindestens 2 l Salzwasser zum Kochen bringen.

5. Spätzleteig durchrühren, ein Viertel davon auf ein nasses Brett streichen und mit dem Messer schmale Streifen ins kochende Wasser schaben.

6. Sobald eine Portion davon geschabt ist, mit einer Schaumkelle in die Form heben, mit einem Teil Zwiebeln und Käse bedecken, mit Pfeffer bestreuen. So fortfahren, bis die ganzen Spätzle gekocht sind. Die Form noch etwa 10 Minuten im Ofen lassen, dann auftragen.

Im Bild oben:
Hirse-Äpfel auf Sahnekraut
Im Bild unten:
Grünkernspätzle mit Käse

Grießtaler mit Käse

Fleischloses Hauptgericht

Mit einem gemischten Salat ein vollständiges Essen.

Zutaten für 4 Personen:
180 g Hartweizengrieß
3/4 l Milch
Salz
2 kleine Eier
Muskat
2 Eßl. Tomatenmark
1 Eßl. Worcestershiresauce
150 g würziger Schnittkäse (Emmentaler, mittelalter Gouda)
Fett für das Backblech

Vegetarisch

Pro Portion etwa:
1900 kJ/450 kcal
24 g Eiweiß · 21 g Fett
42 g Kohlenhydrate

- Zubereitungszeit: etwa 50 Minuten

1. Den Grieß mit der Milch und Salz verrühren, unter ständigem Rühren einmal kräftig aufkochen lassen, den Topf vom Herd nehmen. Wenn die Masse etwas abgekühlt ist, die Eier unterrühren, mit Muskat würzen. Etwa fingerdick auf eine nasse Porzellanplatte oder ein Kunststoff-Schneidbrett streichen, ganz abkühlen lassen.

2. Das Tomatenmark mit der Worcestershiresauce verrühren. Ein Drittel des Käses raffeln, den Rest in Scheiben hobeln. Den Backofen auf 220° vorheizen.

3. Wenn die Grießmasse erkaltet und ganz fest ist, mit einer Ausstechform Grießtaler ausstechen oder in Quadrate schneiden. Auf die Hälfte der Taler die Käsescheiben verteilen, mit Tomatenpüree bestreichen. Die übrigen Taler darauf setzen. Den geriebenen Käse darüber streuen.

4. Das Backblech fetten, die Grießtaler darauf setzen. Im Backofen 15–20 Minuten schön braun überbacken.

Kartoffeln mit Eiern und Käse

Zutaten für 4 Personen:
4 große, mehlige Kartoffeln
Salz
1 kleine Zwiebel
75 g durchwachsener Speck
100 g kleine Champignons
1/2 Bund Petersilie
125 g Schnittkäse (Gouda, Tilsiter)
2 Eßl. Butter
schwarzer Pfeffer, frisch gemahlen
2 Eßl. Essig
4 Eier

Preiswert

Pro Portion etwa:
1700 kJ/400 kcal
19 g Eiweiß · 31 g Fett
13 g Kohlenhydrate

- Zubereitungszeit: etwa 1 3/4 Stunden

1. Die Kartoffeln gründlich unter fließendem Wasser bürsten, etwas salzen und tropfnaß in Pergamentpapier einwickeln. Auf einem Blech in den Backofen (Mitte) schieben, auf 200° schalten und 1 1/2 Stunden backen.

2. Nach 1 Stunde die Zwiebel schälen, würfeln. Den Speck in feine Streifen schneiden. Die Champignons säubern, blättrig schneiden. Die Petersilie waschen, trocknen und fein hakken. Den Käse hobeln oder in Scheiben schneiden.

3. In einer Kasserolle die Butter erhitzen, die Zwiebel, dann den Speck und die Champignons anbraten. Mit Salz, Pfeffer und der Petersilie würzen, zur Seite stellen.

4. In einem flachen Topf etwa 5 cm hoch Wasser mit dem Essig erhitzen. Die Eier einzeln in eine Tasse aufschlagen und in die siedende Flüssigkeit gleiten lassen. Etwa 4 Minuten pochieren, mit der Schaumkelle herausheben und abtropfen lassen.

5. Gare Kartoffeln aus dem Ofen nehmen, halb auspakken, der Länge nach aufreißen und mit Pilz-Speckmasse füllen. Jeweils 1 pochiertes Ei darauf setzen und den Käse darüber verteilen. Nochmals in den Ofen schieben, bis der Käse schmilzt (etwa 5 Minuten).

Im Bild links:
Kartoffeln mit Eiern und Käse
Im Bild rechts: Grießtaler mit Käse

Minestrone mit Polentaklößchen

Ein Eintopf mit einer sättigenden Einlage: Kleine Klößchen aus Maisgrieß (Polenta) und Käse. Achten Sie beim Einkaufen auf die »5-Minuten-Polenta«, die bereits vorgegart ist. Normaler Maisgrieß muß so lange köcheln, bis er weich geworden ist.

Zutaten für 4 Personen:
200 g getrocknete weiße Bohnen
1 1/4 l Fleischbrühe
300 g Kartoffeln
4 Möhren
2 Kohlrabi
100 g Hartkäse
3 Eßl. Butter
100 g 5-Minuten-Polentagrieß
1/4 l Milch
1 Ei
Salz, Pfeffer, Muskat
1 kleines Döschen Tomatenmark

Raffiniert

Pro Portion etwa:
2400 kJ/570 kcal
31 g Eiweiß · 23 g Fett
62 g Kohlenhydrate

- Quellzeit: etwa 12 Stunden
- Zubereitungszeit: etwa 1 1/2 Stunden

1. Die Bohnen über Nacht in kaltem Wasser einweichen. Das Wasser abgießen, die Bohnen in der Brühe aufsetzen, etwa 45 Minuten zugedeckt garen. Dann die Kartoffeln, die Möhren und die Kohlrabi schälen (Kohlrabiblättchen aufheben), in zentimetergroße Würfel schneiden, zugeben und etwa 30 Minuten garen.

2. Den Hartkäse fein reiben. Die Butter zergehen lassen, den Polentagrieß darin hell anrösten. Die Milch aufgießen und so lange unter Rühren kochen, bis sich die Masse als Kloß vom Topfboden löst. Vom Herd nehmen, die Hälfte vom Käse und das Ei einrühren. Mit Salz, Pfeffer, Muskat würzen.

3. Gut 1 l Salzwasser aufkochen. Von der Grießmasse mit zwei Teelöffeln kleine Klößchen abstechen und in das leise köchelnde Wasser gleiten lassen. Etwa 10 Minuten garen (das Wasser darf dann nicht mehr kochen).

4. Das Tomatenmark in die Suppe rühren, nachwürzen. Von den Kohlrabiblättchen die Blattrippen entfernen, Blätter feinstreifig schneiden. Die Suppe damit garnieren, die Klößchen einlegen. Den restlichen Käse darüber streuen, die Suppe heiß auftragen.

Griechische Fleischklößchensuppe

Pikante Vorsuppe

Man könnte fast denken, die Griechen hätten sich die Königsberger Klopse als Suppeneinlage einverleibt. Doch die Würze und das Legieren mit Ei und viel Zitronensaft sind doch sehr typisch.

Zutaten für 6 Personen:
2 Scheiben Toastbrot
1 kleine Zwiebel
1 Knoblauchzehe
1 Eßl. Butter
2 Eier
250 g mageres Rinderhackfleisch
75 g Hartkäse zum Reiben
1 unbehandelte Zitrone
Salz, weißer Pfeffer
1/4 Teel. frischer oder getrockneter Thymian
1 1/2 l leichte Fleischbrühe
1 kleines Bund Petersilie

Raffiniert

Pro Portion etwa:
930 kJ/220 kcal
18 g Eiweiß · 14 g Fett
6 g Kohlenhydrate

- Zubereitungszeit: etwa 40 Minuten

1. Das Toastbrot entrinden, in kaltem Wasser einweichen. Die Zwiebel und die Knoblauchzehe schälen, fein würfeln, in der Butter glasig dünsten. 1 Ei trennen, das Eigelb zur Seite stellen, das Eiweiß mit fest ausgedrücktem Toastbrot und der Zwiebelmischung unter das Hackfleisch kneten.

2. Den Hartkäse reiben. Etwa 1 Teelöffel Schale von der Zitrone abraspeln, beides mit Salz, Pfeffer und dem Thymian unter das Hackfleisch mischen. 6 etwa 5 cm große Knödel formen.

3. Die Fleischbrühe erhitzen. Wenn sie kocht, die Knödel einlegen und ohne Deckel gut 10 Minuten sieden lassen. Inzwischen die Petersilie waschen, trocknen und grob hacken. Die Zitrone auspressen, den Saft mit dem Eigelb und dem ganzen Ei verquirlen.

4. Die Knödel in Suppenteller heben. Nach und nach einige Eßlöffel heiße Brühe unter die Ei-Zitronensaft-Mischung quirlen, diese unter Rühren in die Brühe geben, aber nicht mehr kochen lassen. Mit Salz und Pfeffer abschmecken, über die Knödel verteilen, mit Petersilie bestreuen und servieren.

Geflügel-Spinat-Lasagne

Italienischer Nudelauflauf einmal auf die feine Art.

Für 4 Personen:
130 g Mehl
70 g Hartweizengrieß
2 Eier
1 Eßl. Olivenöl
Salz
500 g Spinat
2 Stangen Staudensellerie
100 g braune Champignons
Saft von 1/2 Zitrone
200 g Hähnchenbrustfilet oder Putenschnitzel
1 Zwiebel
1 Knoblauchzehe
2 Eßl. Butter
100 ml Geflügelfond oder Brühe
200 g Crème fraîche
Thymian, Pfeffer, Muskat
100 g würziger Hartkäse, möglichst Parmigiano Reggiano
2 Tomaten
1 Kugel Mozzarella
Mehl zum Ausrollen

Raffiniert

Pro Portion etwa:
3100 kJ/740 kcal
38 g Eiweiß · 43 g Fett
51 g Kohlenhydrate

- Zubereitungszeit: etwa 1 Stunde

1. Das Mehl mit dem Grieß mischen, die Eier, das Olivenöl und 1 Teelöffel Salz einrühren und zu einem festen Teig kneten. In Folie wickeln.

2. Den Spinat gründlich waschen, dicke Stiele entfernen, tropfnaß in einen Topf geben, salzen und 3–5 Minuten zugedeckt kochen. Auf einem Sieb abtropfen lassen.

3. Den Staudensellerie waschen, längs in Streifen, quer in Würfelchen schneiden. Die Champignons säubern, blättrig schneiden und mit dem Zitronensaft beträufeln.

4. Die Hähnchenbrustfilet in kleine Würfel schneiden. Die Zwiebel und die Knoblauchzehe schälen, fein würfeln. Alles in 1 Eßlöffel Butter anbraten.

5. Sobald das Fleisch leicht gebräunt ist, den Staudensellerie und die Champignons dazu geben, durchrühren und den Fond und die Crème fraîche aufgießen. Mit Salz, Thymian, Pfeffer und Muskat abschmekken, zugedeckt etwa 5 Minuten köcheln lassen.

6. Den Nudelteig vierteln, jedes Stück auf leicht bemehlter Arbeitsfläche millimeterdünn ausrollen. Auf einem Küchentuch ausbreiten. Den Backofen auf 225° vorheizen.

7. Den Hartkäse reiben, Tomaten waschen und in Scheiben schneiden. Eine flache Auflaufform mit 1 Eßlöffel Butter ausstreichen, abwechselnd Spinat, darauf Ragout, darüber Käse einfüllen, jeweils mit einer Teigplatte abdecken.

8. Die letzte Teigplatte mit Tomatenscheiben belegen. Mozzarella in Scheiben schneiden und darauf verteilen. Leicht salzen und in den Backofen (Mitte) schieben. In etwa 25 Minuten goldbraun backen.

Variante:
Lasagne mit Tofu
Für 4 Personen 300 g Tofu fein würfeln, mit 2 zerdrückten Knoblauchzehen und 2 Eßlöffeln Sojasauce etwa 30 Minuten marinieren. Abtropfen lassen, die Marinade auffangen. Tofu in 2 Eßlöffeln Öl anbraten. 800 g Dosentomaten, 500 g Blattspinat und 2 in Streifen geschnittene Zwiebeln zugeben. Offen einkochen, bis eine dicke Sauce entstanden ist. Mit der Tofumarinade, Salz, Pfeffer, Cayennepfeffer und Zitronensaft abschmecken. Nudelteig wie oben zubereiten oder 500 g Lasagneblätter nach Packungsaufschrift kochen. 2 Eßlöffel Mehl in 2 Eßlöffel Butter andünsten, 1/4 l Milch aufgießen, 150 g Vollmilch-Joghurt zurühren, binden lassen. Mit Salz, Pfeffer und Muskat würzen. Eine Form wie oben buttern, lagenweise Nudelblätter, Tofusauce, helle Sauce und insgesamt 150 g geriebenen Käse einschichten, die letzte Schicht besteht aus Nudeln, heller Sauce und Käse. Bei 225° im Ofen 25–30 Minuten backen.

Helles Geflügelragout, Spinat und Käse sind die wichtigsten Zutaten für diesen feinen Auflauf.

Käsesoufflé mit Krabben

Zutaten für 4 Personen:
100 g Nordsee-Krabben (geschält)
125 g Hartkäse (Greyerzer, fester Emmentaler, alter Gouda)
6 Eier (4 Eigelb, 6 Eiweiß)
4 Eßl. Butter
3 Eßl. Mehl
200 ml Milch
Salz, Muskat

Für Gäste

Pro Portion etwa:
1700 kJ/400 kcal
25 g Eiweiß · 31 g Fett
8 g Kohlenhydrate

- Zubereitungszeit: etwa 1 Stunde

1. Die Krabben überbrausen, gut abtropfen lassen. Den Käse entrinden, fein reiben. Die Eier trennen: 4 Eigelb und 6 Eiweiß werden benötigt. 1 Eßlöffel Butter zerlassen, eine hohe, geradwandige Auflaufform (1 1/4 l Inhalt) damit auspinseln. Mit 3 Eßlöffeln Käse ausstreuen. Den Backofen auf 180° vorheizen.

2. Die restliche Butter in einer Kasserolle schmelzen, das Mehl hellgelb rösten. Vom Herd nehmen, kurz abkühlen lassen. Die Milch dazugießen, mit Salz und Muskat würzen. Unter Rühren aufkochen, bis sich der Teigkloß vom Topfboden löst.

3. Vom Herd nehmen, 1 Eigelb unterrühren, bis keine Spuren mehr davon zu sehen sind. Erst dann nach und nach die restlichen 3 untermischen. Die Eiweiße mit 1 Prise Salz zu steifem Schnee schlagen.

4. 1 Löffel Eischnee unter den Teig zum Lockern rühren. Die Krabben und zwei Drittel des geriebenen Käses untermischen. Restlichen Eischnee locker unterheben.

5. Die Masse in die vorbereitete Form füllen, mit dem restlichen Käse bestreuen. Im Backofen (unten) 25–30 Minuten goldbraun backen (erst nach 20 Minuten den Ofen vorsichtig zum Nachsehen öffnen). Sofort in der Form auftragen.

Gratinierter Fenchel

Zutaten für 4 Personen:
4 Fenchelknollen (etwa 1 1/4 kg)
1 Eßl. Zitronensaft
Salz, weißer Pfeffer, frisch gemahlen
150 g Hartkäse (Bergkäse, alter Emmentaler oder Gouda)
150 g gekochter Schinken
5 Eßl. Butter
3 Eßl. Mehl
400 ml Milch
2 Eigelb
6 Eßl. Semmelbrösel

Gelingt leicht

Pro Portion etwa:
2400 kJ/570 kcal
25 g Eiweiß · 35 g Fett
40 g Kohlenhydrate

- Zubereitungszeit: etwa 1 Stunde

1. Den Fenchel putzen, das Grün aufheben. Die Knollen durch den Strunk vierteln. In 1/2 Tasse Wasser mit dem Zitronensaft, Salz und Pfeffer etwa 15 Minuten zugedeckt dünsten.

2. Das Fenchelgrün fein hakken. Den Käse reiben. Den Schinken in Streifen schneiden. Flache Auflaufform mit 1/2 Eßlöffel Butter ausstreichen. Den Backofen auf 220° vorheizen.

3. Für die Sauce in einer Kasserolle 3 Eßlöffel Butter zerlassen, das Mehl hellgelb rösten. Kurz abkühlen lassen, die Milch aufgießen, unter Rühren aufkochen. Sparsam salzen, pfeffern und etwa 5 Minuten leise köcheln lassen.

4. Den Topf vom Herd nehmen, das Fenchelgrün und den Käse einrühren. Zum Schluß die Eigelbe untermischen.

5. Den Fenchel und den Schinken in der Form verteilen. Sauce darüber gießen, mit den Semmelbröseln bestreuen. Die restliche Butter in kleinen Flöckchen darauf verteilen. Im Backofen (Mitte) in etwa 25 Minuten goldbraun überbacken.

Im Bild oben: Käsesoufflé mit Krabben
Im Bild unten: Gratinierter Fenchel

Putensteak mit Zwiebel-Käsesauce

Zutaten für 4 Personen:
300 g Zwiebeln
2 Eßl. Butter
150 g Hartkäse (alter Gouda, Cantal, Emmentaler)
4 Putensteaks zu je 125 g
2–3 Eßl. Pflanzenöl zum Braten
Salz, Pfeffer
2 Eßl. Crème fraîche
2 Teel. scharfer Senf

Für Gäste

Pro Portion etwa:
2100 kJ/500 kcal
42 g Eiweiß · 34 g Fett
7 g Kohlenhydrate

- Zubereitungszeit: etwa 45 Minuten

1. Die Zwiebeln schälen und in grobe Würfel schneiden. Dann in der Butter sanft schmoren, bis sie hellgelb geworden sind.

2. Den Käse fein reiben. Den Backofen auf 230° vorheizen. Die Putensteaks gut trocknen. Das Öl in einer Pfanne erhitzen und die Steaks pro Seite etwa 4 Minuten braten. Dann salzen und pfeffern, zugedeckt zur Seite stellen.

3. Die Zwiebeln mit der Crème fraîche im Mixer pürieren, zurück in den Topf geben und den Käse unterrühren. Mit Salz, Pfeffer und dem Senf würzen.

4. Die Putensteaks auf eine ofenfeste Platte legen, das Zwiebel-Käsepüree daraufgeben. Im Backofen (Mitte) in etwa 10 Minuten goldbraun überbacken. Mit Baguette und feinem Gemüse servieren.

Schweinefilet auf Käserisotto

Zutaten für 4 Personen:
400 g Schweinefilet
150 g Hartkäse (möglichst Parmigiano Reggiano
1 Zweig frischer Salbei
1 Zwiebel
1 Knoblauchzehe
1 Eßl. Olivenöl
200 g Risotto- oder Langkornreis
3/4 l Fleischbrühe
1 Eßl. Butter
6 dünne Scheiben Frühstücksspeck (Bacon; etwa 70 g)
Salz, Pfeffer

Ganz einfach

Pro Portion etwa:
2700 kJ/640 kcal
38 g Eiweiß · 39 g Fett
41 g Kohlenhydrate

- Zubereitungszeit: etwa 40 Minuten

1. Das Schweinefilet in zentimeterdicke Scheiben schneiden. Den Käse grob raffeln. Den Salbei waschen, Blättchen abtrennen und trocknen. Die Zwiebel und die Knoblauchzehe schälen und fein würfeln.

2. Das Olivenöl erhitzen, die Zwiebel und den Knoblauch andünsten. Den Reis dazu rühren und glasig braten. Dann etwas Brühe aufgießen, unter gelegentlichem Umrühren und Brühe-Nachgießen etwa 20 Minuten offen köcheln. Die Reiskörner sollen immer gerade mit Flüssigkeit bedeckt sein.

3. Den Backofen auf 220° vorheizen. Inzwischen die Butter erhitzen. Die Salbeiblättchen kurz darin braten, mit einer Gabel auf Küchenkrepp heben.

4. In der verbliebenen Butter den Frühstücksspeck knusprig braten, ebenfalls auf Küchenkrepp geben. Im Restfett die Schweinefiletscheiben etwa 2 Minuten pro Seite braten. Mit Salz und Pfeffer würzen.

5. Den Risotto probieren. Wenn die Körner gar sind, aber noch einen leichten Biß haben, die Hälfte vom Käse und die Salbeiblättchen untermischen. In eine flache Auflaufform füllen, die Filetscheiben und den Speck daraufgeben und den restlichen Käse darüberstreuen. In den Backofen schieben, bis der Käse zergeht.

Bild oben:
Putensteak mit Zwiebel-Käsesauce
Bild unten:
Schweinefilet auf Käserisotto

Die raffinierte Weichkäseplatte

Eine Platte mit gut zusammengestellten Weichkäsesorten kann Abschluß eines festlichen Menüs sein, aber auch den Mittelpunkt eines kalten Buffets bilden. Rechnen Sie als Dessert etwa 75 g Käse pro Person, für ein Buffet dürfen es 120–150 g pro Person sein, je nachdem, was sonst noch angeboten wird.

Zutaten für 4 Personen:
300 bis 600 g Weichkäse (siehe oben), zum Beispiel:
Banon (Frischkäse, in Kastanienblättern)
Bavaria blu (Edelpilz, mild aromatisch)
Bergader (Edelpilz, pikant)
Brie (mild aromatisch)
Bleu de Bresse (Edelpilz, mild aromatisch)
Camembert (mild aromatisch)
Carré de l'Est (mild aromatisch)
Chaumes (voll aromatisch, kräftig duftend)
Crème de Prés (mild, fein säuerlich)
Danablu (Edelpilz, pikant-scharf)
Fromage des Vignottes (sahnig, zart säuerlich)
Gèramont (sahnig-mild)
Gorgonzola (würzig pikant)
Grancino (mild würzig)
Munster (aromatisch-pikant)
Pont l'Evêque (sehr würzig)
Pyramidenkäse (pikant scharf)
Rèvidoux (sahnig mild)
Rondeau (sahnig mild, leicht säuerlich)
Roquefort (Edelpilz, cremig würzig bis scharf)
Saint Albray (zart aromatisch)
Sainte-Maure (Ziegenkäse, kräftig würzig)
Stilton (Edelpilz, würzig mild bis scharf)
Suprême (süßlich delikat)
Taleggio (zart mild-aromatisch)
Val meuse (sahnig-mild)
Zur Garnierung:
8 Pumpernickeltaler
1 Eßl. Butter
200 g Doppelrahm-Frischkäse
1 Eßl. Sahne
1 Teel. eingelegter grüner Pfeffer
Salz
2 Kiwis
12 Datteln (frisch oder getrocknet)
1 Teel. Cognac oder Weinbrand
1 Eßl. gehackte Pistazien
1 Staude Chicorée
150 g fester Schaf- oder Ziegenkäse
1 Eßl. Zitronensaft
1 Eßl. Olivenöl
Thymian, Oregano

Für Gäste

Pro Portion etwa:
3100 kJ/740 kcal
43 g Eiweiß · 44 g Fett
43 g Kohlenhydrate

- Zubereitungszeit: etwa 30 Minuten

1. Garnierung: Die Pumpernickeltaler einseitig mit der Butter bestreichen. 125 g Frischkäse mit der Sahne, dem grünen Pfeffer und Salz verrühren. Die Kiwi schälen, in Scheiben schneiden. Zwischen je 2 Pumpernickeltaler 1 Kiwischeibe legen, darauf Käsecreme streichen, wieder 1 Kiwischeibe darauflegen. Auf den obersten Taler nochmals Käsecreme streichen oder spritzen und mit halbierter Kiwischeibe garnieren.

2. Garnierung: Die Datteln längs aufschlitzen, entsteinen. 75 g Frischkäse mit dem Cognac und Salz verrühren. In die Datteln streichen, die Schnittflächen in die gehackten Pistazien drücken. Nach Belieben in kleinen Pralinenhütchen anrichten.

3. Garnierung: Den Chicorée in die einzelnen Blätter zerlegen, waschen und trocknen. Den Schafkäse klein bröckeln oder würfeln, mit dem Zitronensaft, dem Olivenöl, Thymian und Oregano vermischen, eventuell noch etwas salzen. In die Chicoréeblätter füllen. Wer es bunter mag, garniert mit Kirschtomaten-Scheiben oder Würfelchen von roter Paprikaschote.

Diese Weichkäseplatte besteht aus: Taleggio (1), Munster (2), Roquefort (3), Camembert (4), Saint-Maure (5), Pyramidenkäse (6) und Banon (7).

1
2
3
4
5
6
7

Die herzhafte Schnittkäseplatte

Auch die Schnittkäsesorten bieten so viel Abwechslung im Geschmack, daß sich damit gut eine Käseplatte zusammenstellen läßt. Da diese Käsesorten stärker sättigen, eignen sie sich am besten für einen herzhaften Imbiß oder ein Buffet. Als Dessertkäse nach einem Menü sind sie zu schwer. Hier sind – je nachdem, was es noch als Drumherum gibt – 150 g pro Person reichlich.

Zutaten für 4 Personen:
500–600 g Schnittkäse, zum Beispiel:
Bad Aiblinger (sahnig, zart säuerlich)
Bel Paese (sahnig, mild-säuerlich)
Bianco Alpenkäse (sahnig-delikat)
Biarom (natur: mild-aromatisch; auch mit Kümmel, Pfeffer, Kräutern)
Bruder Basil (mild-rauchig)
Butterkäse (mild, zart-säuerlich)
Danbo (sahnig, mild-aromatisch; auch mit Kümmel)
Doux de Montagne (aromatisch, mild)
Edamer (mild, leicht süßlich)
Esrom (mild-süßlich bis pikant, aromatisch)
Gouda (von zart und mild bis pikant, je nach Alter)
Havarti (säuerlich-pikant)
Höhlenkäse (pikant)
Jarlsberg (nußartig pikant, leicht süßlich)
Kernhem (ausgewogen, kräftig)
Leerdamer (mild)
Maasdamer (lieblich)
Morbier (zart mild)
Pyrenäenkäse (aromatisch, säuerlich, auch mit Pfeffer)
Raclette (würzig)
Ridder (sahnig-aromatisch)
Rottaler (kräftig aromatisch)
Royalp (sahnig delikat)
Saint Paulin (zart-aromatisch)
Steppenkäse (dänischer: kräftig-würzig, pikant)
Tilsiter (pikant, leicht säuerlich)
Tomme de Savoie (mild-aromatisch)
Thurgauer (vollaromatisch delikat)
Vacherin (vollmundig, kräftig)
Wörishofener Rahmkäse (nussig, mild-würzig)
Zur Garnierung:
150 g pikanter Käse zum Reiben
75 g Doppelrahm-Frischkäse
Salz, Pfeffer
1 Limette oder unbehandelte Zitrone
16 Cracker
8 grüne Oliven ohne Stein
4 getrocknete Aprikosen
50 g Butter
Cayennepfeffer
2–3 Eßl. Sesamsamen
Salatblätter zum Anrichten
4 kleine Äpfel
100 ml trockener Weißwein
100 g milder Schnittkäse
1 Frühlingszwiebel
1 Eßl. Obstessig
1 Eßl. Haselnuß- oder Traubenkernöl

Für Gäste

Pro Portion etwa:
4600 kJ/1100 kcal
55 g Eiweiß · 80 g Fett
33 g Kohlenhydrate

- Zubereitungszeit: etwa 50 Minuten
- Kühlzeit: etwa 2 Stunden

1. Garnierung: Für Käsecracker 50 g Käse raspeln, mit dem Frischkäse verrühren, pfeffern und salzen. Die Limette waschen, in dünne Scheiben schneiden (Saft auffangen), halbieren. Käsecreme mit dem aufgefangenem Saft verrühren und mit einem Spritzbeutel auf die Cracker spritzen. Mit Limettenscheiben und den halbierten Oliven garnieren.

2. Garnierung: Für Aprikosen-Käsebällchen 100 g Käse würfeln. Die Aprikosen waschen, gut trocknen, würfeln. Mit Käsewürfeln im Blitzhacker pürieren, die Butter unterkneten, eventuell salzen, mit Cayennepfeffer würzen. Gut kühlen (mindestens 2 Stunden). Sesamsamen in einer trockenen Pfanne hellgelb rösten, abkühlen lassen. Die Käsemasse zu kleinen Kugeln formen und im Sesam drehen. Gut gekühlt anrichten.

3. Garnierung: Für Käsesalat in Apfelkörbchen die Äpfel halbieren, großzügig das Kerngehäuse entfernen. Den Wein mit der gleichen Menge Wasser aufkochen, die Apfelhälften etwa 3 Minuten sachte dünsten, abkühlen lassen. 100 g Käse klein würfeln. Die Frühlingszwiebel waschen und in feine Ringe schneiden. Beides mit dem Essig, dem Öl, Salz und Pfeffer vermischen. In die Äpfel füllen, anrichten.

Diese Schnittkäseplatte besteht aus: Gouda (1), Bel Paese (2), Edamer (3), Tilsiter (4), Raclette (5), Vacherin (6), Biarom-Kümmel (7), Esrom (8) und Kernhem (9).

1
3
4
2
BEL PAESE
6
7
5
8
9

Die dekorative Hartkäseplatte

Immer beliebter werden die Hartkäsesorten als Bestandteil einer Dessertkäseplatte oder eines Käsebuffets. Sie sind auch so zu Wein eine praktische Knabberei, für die man kein Geschirr und kein Besteck benötigt: Die kleinen Spezialmesser liegen bereit, mit denen die harten Burschen zu kleinen Bröckchen zerteilt werden.
Oder – was besonders dekorativ ist – eine »Girolle« steht im Mittelpunkt. Dies ist ein Spezialhobel für den runden Tête de Moine, der auf einen Stab gesteckt wird. Mit dem aufgesetzten Messer dreht man nun Löckchen für Löckchen vom Käse ab, dabei fällt gleich die Rinde ab.
Ein anderes originelles Gerät ist der Käsehobel, der wie eine Gemüseraspel aussieht. Damit wird schneidfähiger Hartkäse (zum Beispiel Sbrinz) zu runden Rollen (wie Canelloni-Nudeln) gehobelt. Diese stapelt man kreisförmig auf einer Platte und hat so die schönste Dekoration.

Zutaten für 4 Personen:
etwa 500 g Hartkäse, zum Beispiel:
Alpenkäse (kräftig würzig, sehr fest)
Appenzeller (herzhaft würzig, aromatisch, halbhart)
Beaufort (süßlich aromatisch)
Bergkäse (Allgäuer: leicht nussig, kräftig bis herzhaft; Schweizer: fein würzig, sehr fest)
Cantal (vollaromatisch, hart bis sehr hart)
Comté (mild-pikant, lange lagerfähig)
Emmentaler (nußartig, mild bis kräftig aromatisch)
Gouda (alter; kräftig, würzig, pikant)
Grana Padano (vollmundig-würzig; körnig-hart)
Greyerzer, Gruyère (mild bis vollwürzig-scharf)
Parmesan (Parmigiano Reggiano, nussig bis kräftig würzig; körnig-hart)
Pecorino (pikant kräftig, gehaltvoll; sehr fest)
Provolone (von mild und zart über pikant bis scharfwürzig)
Sbrinz (nussig-pikant, aromatisch)
Tête de Moine (würzig; gehaltvoll)
Zur Garnierung:
125 g schneidfähiger Hartkäse
200 g Oliven ohne Stein
1 Teel. provenzalische Kräutermischung
1 Zitrone
Olivenöl zum Aufgießen
1 große Möhre
2 Zucchini
Salz

Für Gäste

Pro Portion etwa:
3500 kJ/830 kcal
64 g Eiweiß · 57 g Fett
14 g Kohlenhydrate

- Zubereitungszeit: etwa 1 Stunde
- Marinierzeit: etwa 1 Tag

1. Garnierung: Für die Käse-Oliven 50 g Hartkäse in zentimeterlange, kleine Stifte schneiden. Die Oliven damit füllen, mit den Kräutern in ein Glas schichten. Die Zitrone auspressen, den Saft über die Oliven gießen. Mit Olivenöl bedekken, durchmischen und mindestens über Nacht durchziehen lassen.

2. Garnierung: Für die gefüllten Zucchini die Möhre schälen und in streichholzlange, aber etwas dickere Streifen schneiden. 75 g Käse in ebensolche Streifen schneiden. Die Zucchini streifig schälen, in etwa 4 cm lange Stücke schneiden und mit dem Kugelausstecher aushöhlen. Die Zucchini mit den Möhrenstreifen in wenig Salzwasser etwa 10 Minuten dünsten, abtropfen und abkühlen lassen. Die Zucchinistücke mit Möhren- und Käsestreifen füllen, auf einer Platte anrichten.

Diese Hartkäseplatte besteht aus: Emmentaler (1), Greyerzer (2), Tête de Moine (3), Cantal (4), Pecorino (5), Parmesan (6) und Provolone (7).

1
2
3
4
5
6
7

Zum Gebrauch

Damit Sie Rezepte mit bestimmten Zutaten noch schneller finden können, stehen in diesem Register zusätzlich auch beliebte Zutaten wie Grünkern oder Spinat – ebenfalls alphabetisch geordnet und halbfett gedruckt – über den entsprechenden Rezepten.

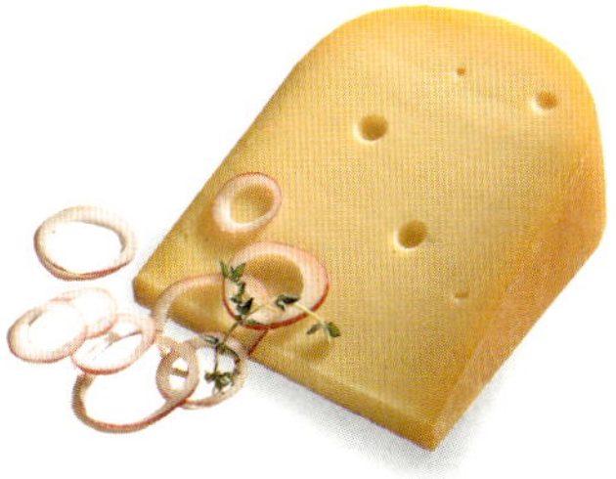

IMPRESSUM

Umschlag-Vorderseite:
Das Rezept Putensteak mit Zwiebel-Käsesauce finden Sie auf Seite 54.

CIP-Kurztitelaufnahme der Deutschen Bibliothek
Hess, Reinhardt: Mit Käse: Originelle Salate, Suppen, Fleisch- und Fischgerichte und Tips für schöne Käseplatten/ Reinhardt Hess. – 2. Aufl. – München: Gräfe und Unzer 1991.
(GU Küchen-Ratgeber)
ISBN 3-7742-2508-7

2. Auflage 1991

Redaktion: Ulrich Kuhn-Hein
Layout: Ludwig Kaiser
Typografie und Herstellung: Robert Gigler
Fotos: Odette Teubner, Kerstin Mosny
Umschlaggestaltung: Heinz Kraxenberger
Satz: GSD, München
Druck: Appl, Wemding
Reproduktionen: SKU, München
Bindung: R. Oldenbourg
ISBN 3-7742-2508-7

Reinhardt Hess
wurde nach dem Germanistik- und Geographiestudium Redakteur bei der größten deutschen Kochzeitschrift, arbeitete an Kochbüchern mit, entwickelte eine Reihe von Käsebroschüren und war freier Mitarbeiter einer Weinzeitschrift. Seit 1986 ist er Autor des Gräfe und Unzer Verlages.

Odette Teubner
wurde durch ihren Vater, den international bekannten Food-Fotografen Christian Teubner ausgebildet. Heute arbeitet sie ausschließlich im Studio für Lebensmittelfotografie Teubner. In ihrer Freizeit ist sie begeisterte Kinderporträtistin – mit dem eigenen Sohn als Modell.

Kerstin Mosny
besuchte eine Fachhochschule für Fotografie in der französischen Schweiz. Danach arbeitete sie als Assistentin bei verschiedenen Fotografen, unter anderem bei dem Food-Fotografen Jürgen Tapprich in Zürich. Seit März 1985 arbeitet sie im Fotostudio Teubner.